DIE WELTREISE
EINER FLEECEWESTE

④ Deutschland

Kanarische Inseln
(Spanien)
⑥

⑤ Senegal

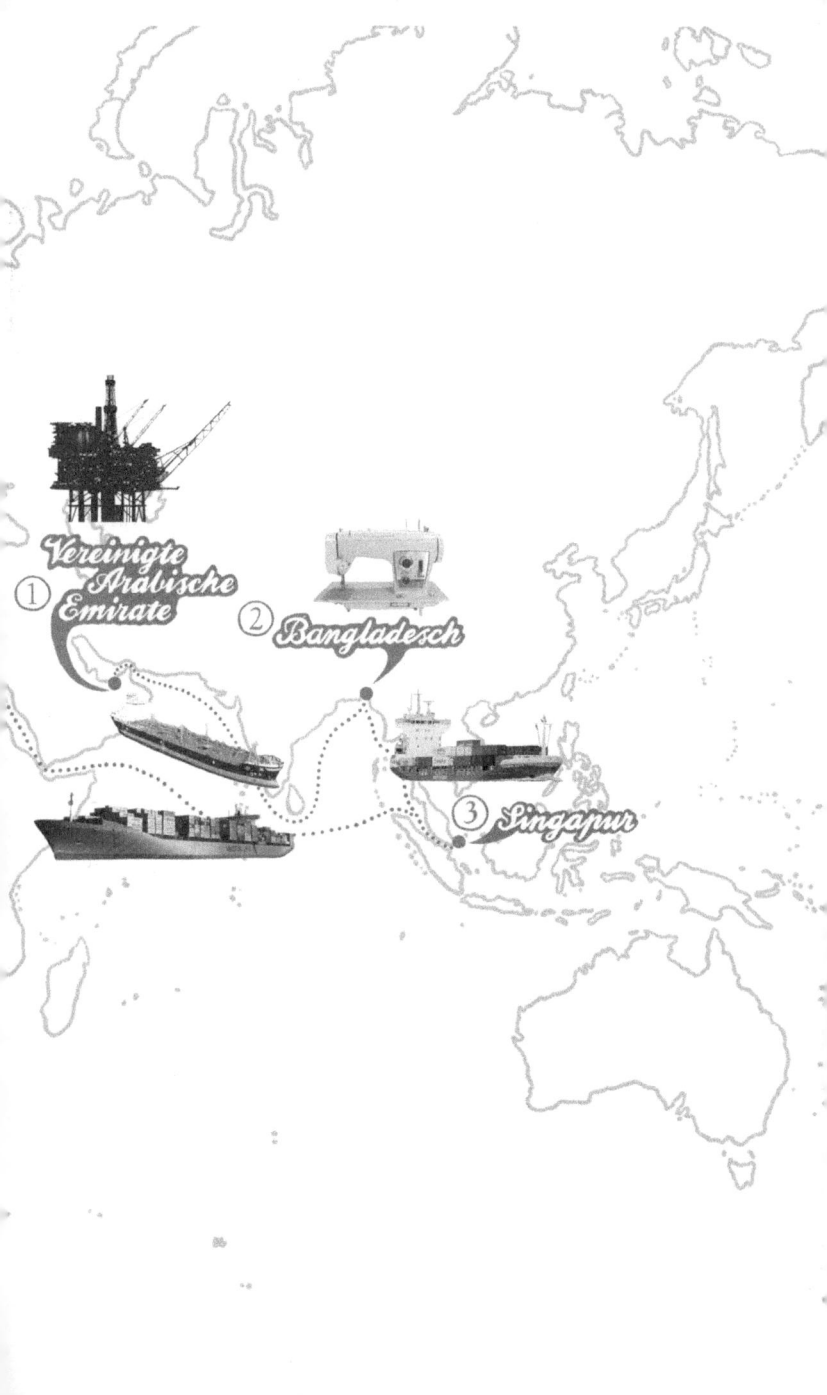

① Vereinigte Arabische Emirate

② Bangladesch

③ Singapur

Dieses Buch nimmt uns mit auf die abenteuerliche Weltreise einer Fleeceweste und zeigt uns, wie sich die Globalisierung auf den Alltag der Menschen auswirkt. So lesen wir etwa von den reichen Menschen in Dubai, die das Erdöl für den Fleecestoff verkaufen und sich zu ihrem Vergnügen mitten in der Wüste eine Skihalle errichtet haben. Von den armen Menschen in Bangladesch, die dem harten Arbeitsleben in der Textilindustrie ausgeliefert sind. Von den riesigen Containerschiffen, die die Weltmeere nach Fahrplan durchqueren. Von dem Autor in Deutschland, der die Fleeceweste nach zwei Jahren in den Altkleidercontainer wirft. Und von dem Senegalesen Adrame, der die Weste schließlich trägt, während er mit anderen Flüchtlingen auf einem kleinen Fischerboot im Atlantik treibt.

Wie die Fleeceweste hat auch dieses Buch seit seinem Erscheinen 2008 den Weg in die Welt gemacht und ist als Übersetzung in Ägypten, Brasilien, China, Griechenland, Großbritannien, Korea und Spanien erschienen.

Wolfgang Korn hat politische Wissenschaften und Geschichte studiert und arbeitet als Wissenschaftsjournalist und Autor in Hannover. Er schreibt für Zeitungen und Zeitschriften (u. a. für »GEO« und »DIE ZEIT«). *Die Weltreise einer Fleeceweste* wurde 2009 in Österreich als Wissenschaftsbuch des Jahres ausgezeichnet.
Birgit Jansen studierte in Münster und Mexiko und arbeitet heute als Illustratorin und Grafikerin in Köln.

Wolfgang Korn

DIE WELTREISE EINER FLEECEWESTE

Eine kleine Geschichte
über die große Globalisierung

Illustriert von Birgit Jansen

Carl Hanser Verlag

1 2 3 4 5   21 20 19 18 17

ISBN 978-3-446-25592-0
Alle Rechte vorbehalten
Der Titel erschien erstmals 2008 im
Bloomsbury Verlag GmbH, Berlin.
© Carl Hanser Verlag München 2017
Illustrationen: © Birgit Jansen
Umschlag: Peter Hassiepen, München
Printed in Germany

INHALT

KAPITEL 1

Wie die Fleeceweste zum Hauptdarsteller wurde

Es war keine Liebe auf den ersten Blick, absolut nicht! Knallrote Fleecewesten sind vielleicht etwas für Mädchen und Bayern-München-Fans, aber nichts für einen knallharten Reporter, der zu Borussia Dortmund hält.

Als ich die Weste das erste Mal im W-Warenhaus sah, habe ich sie sofort weggeschoben. Eine braune Weste hätte ich gern gehabt, eine beigefarbene wäre auch in Ordnung gewesen oder, wenn es nicht anders gegangen wäre, auch eine blaue. Sie hatten jedoch nur noch die rote in meiner Größe.

Es war im Spätherbst 2005: Ich hatte wenig Zeit, mich in anderen Läden umzuschauen, da ich in der Endphase eines Buchprojekts steckte. Und da der Vorschuss vom Verlag zur Neige ging, hatte ich auch kein Geld, um mir eine Markenweste zu kaufen. Der lange Winter stand vor der Tür, in dem ich in meinem kalten Arbeitszimmer jeden Tag acht bis zehn Stunden am Computer das Manuskript beenden musste. Wenn ich nicht irgendwann an meinem Bürostuhl festfrieren wollte, musste etwas passieren. Zwei Warenhaus-Besuche und eine Preissenkung später griff ich also zu.

Tja, wer konnte damals ahnen, dass ich einmal ein ganzes Buch über diese Weste schreiben würde?

Die Idee zu diesem Buch kam so: Mein Verlag wollte ein Buch über Globalisierung, ich hatte schon lange eine gute Idee, mir fehlte nur noch der passende Hauptdarsteller. Um alle zu beruhigen, verkündete ich: Bis Weihnachten habe ich die Hauptperson meiner Geschichte! Einen Gegenstand, der uns in rasantem Tempo durch die weite Welt führt: Asien, Europa, Afrika, Schiffsfahrten über Ozeane.

Dann überraschte mich der Kalender damit, dass er plötzlich den 21. Dezember 2007 anzeigte. Um endlich zu einer Entscheidung zu kommen, veranstaltete ich am folgenden Tag ein Casting der besonderen Art. Allerdings waren meine Kandidaten keine Sänger oder Tänzerinnen, sondern die stummen Diener, die das Alltagsleben leichter und unterhaltsamer machen: Toaster, Computer, MP3-Player, Staubsauger, Brotbackmaschine oder Fernsehapparat.

Woran können wir das Reisetalent dieser Gegenstände erkennen? Erster Anhaltspunkt ist das Land, wo sie hergestellt wurden. Das kann man an den kleinen Schildchen feststellen, die irgendwo aufgeklebt oder aufgedruckt sind. Woher beispielsweise stammt mein Toaster? Aus Hongkong. Woher der Wecker? Aus China. Wo kommt der Computer her? Auf meinem steht »Assembled in Taiwan« (zusammengebaut in Taiwan). Selbst einige Bücher, die auf Deutsch geschrieben sind, wurden im Ausland produziert. Mein Atlas beispielsweise wurde in Slowenien gedruckt. Und der Wasserkocher? Der stammt ausnahmsweise aus Deutschland – »Made in Germany«! Das findet man nur noch selten. Es ist mittlerweile so selten, dass es von den Herstellern hervorgehoben wird.

Das Land, wo die Gegenstände hergestellt werden, ist aber nur eine Station ihrer Lebensgeschichte. Ihre ganze Reise reicht von der Gewinnung der Rohstoffe bis zur endgültigen Verwertung – auf der Müllkippe oder wo auch immer.

Also zurück zum Casting – ich habe einige interessante Kandidaten und einen heimlichen Favoriten: mein Notebook. Es steht ein amerikanischer Markenname drauf, der Prozessor wurde in München gefertigt, zusammengebastelt wurde es in Taiwan. Das hört sich doch alles vielversprechend an.

Aber ich kann mich immer noch nicht entscheiden. Ich will ja die Geschichte dieses Gegenstandes von der Rohstoffgewinnung bis zur Verschrottung oder Wiederverwertung erzählen. Und wenn ich nun einen Gegenstand wähle, der aus sehr vielen Einzelteilen besteht, dann muss ich ja die Suche in viele Richtungen gleichzeitig ausweiten. Das wäre sehr anstrengend und zeitaufwendig für mich – und nachher auch noch langweilig zu lesen. Ich vertage die Sitzung auf den folgenden Tag, den 23. Dezember …

Am nächsten Tag sitze ich im Wohnzimmer vor dem Fernseher. Wie jedes Jahr vor Weihnachten gibt es auffallend viele Beiträge über hilfsbedürftige Menschen: Obdachlose, Arme, Flüchtlinge.

Ein Beitrag handelt von afrikanischen Flüchtlingen, die auf kleinen Booten über den Atlantik fahren, um die Kanarischen Inseln zu erreichen. Über sechzig Personen waren zehn Tage lang auf einem kleinen Boot zusammengequetscht, bei Wind und Wetter und zum Schluss ohne Trinkwasser. Dramatische Bilder, von einem Touristen mit seiner Videokamera festgehalten: Die Flüchtlinge sacken am Strand zusammen. Eine kurze Nahaufnahme: Ein Junge in einer knallroten Weste.

Eine rote Weste – in meinem Kopf ertönt ein lauter Gong. Moment mal! War das vielleicht meine knallrote Fleeceweste?

Denn genau so eine Weste habe ich vor einigen Monaten in den Altkleidercontainer bei uns in Hannover gesteckt. Und diese Kleidung – das habe ich erst neulich gelesen – wird zum großen Teil nach Westafrika verschickt und dort verkauft.

Ich glaube sogar, ich habe »meinen« Rotweinfleck auf der linken Seite der Weste erkannt. Oder war es die rechte? Oder war es nur die schlechte Aufnahme? Den ganzen Nachmittag lang kann ich mich auf nichts richtig konzentrieren. War das meine Weste? Könnte das meine Weste gewesen sein?

Am Abend erzähle ich meiner Freundin von der roten Weste, die der Flüchtlingsjunge trug.

»Glaubst du ernsthaft, dass das deine Weste ist?«, fragte sie.

»Keine Ahnung«, antwortete ich.

»Solche Westen werden doch heute in Massen produziert.«

»Ja, natürlich. Ich weiß nicht, ob das meine Weste ist. Meine Weste hatte keine besonderen Merkmale außer dem großen Weinfleck. Deshalb wolltest du ja, dass ich sie aussortiere.«

»Du willst doch wohl jetzt nicht nach Teneriffa fliegen und das Flüchtlingslager besuchen, um nachzuschauen, ob der Fleck drauf ist?«

»Quatsch! Dazu fehlt mir sowieso das nötige Kleingeld. Außerdem hätte es eh keinen Zweck. Nach so einer Reise über den Atlantik wird die Weste natürlich so mitgenommen aussehen, dass ›mein‹ Fleck einer von vielen ist.«

»Gott sei Dank. Diese Menschen sind nur knapp dem Tode entronnen und du suchst nach deiner Weste.«

Aber darum geht es mir gar nicht. Ich will nicht unbedingt wissen, ob das meine alte Fleeceweste ist oder nicht. Entscheidend ist der Gedanke: Es könnte meine Weste sein.

Nachdem ich die rote Fleeceweste im Fernsehen gesehen hatte, beschäftigte mich eine Frage nicht mehr: Ich brauchte nicht länger zu überlegen, wer die Hauptperson meiner Geschichte werden würde. Besser als es ein Notebook oder ein Wecker könnte, würde die abenteuerliche Geschichte meiner Weste zeigen, wie heute alles mit allem zusammenhängt.

Wie kommt es dazu, dass ein Afrikaner mit einer

roten Fleeceweste aus einem deutschen Altkleidercontainer auf dem Atlantik treibt? Wie kam diese
Weste überhaupt nach Afrika? Wo wurde sie hergestellt? Woher stammten die Rohstoffe? Warum verlassen Menschen in den armen Ländern zu Hunderten
ihre Dörfer und versuchen auf kleinen Booten die reichen Länder zu erreichen? Warum sind ihre Länder
überhaupt so arm? Die Antwort heißt: Globalisierung!

WORAN MAN GLOBALISIERUNG ERKENNEN KANN!

70 Prozent aller Feuerzeuge, die die Menschheit benutzt,
kommen aus einer einzigen chinesischen Provinz, aus Wenz-
hou. Von dort werden sie in die ganze Welt verschickt.

Wenn US-Amerikaner abends Hunger bekommen und sich
bei einem bestimmten Pizzadienst eine Thunfisch-Pizza mit viel
Käse bestellen, dann nimmt die Bestellung ein Callcenter in Indien auf und schickt sie über das Internet zu der betreffenden
Filiale in den USA.

Nordseekrabben werden direkt nach dem Fang eingefroren.
Am Hafen übernimmt sie ein Tiefkühllaster, der Europa durchquert und auf einer Mittelmeerfähre Marokko erreicht. Dort
werden die Krabben gepult und nach Deutschland zurückge-
bracht. Unvorstellbar – aber so sparen die Krabbenhändler in
Deutschland, der amerikanische Pizzadienst und die Feuerzeug-
händler dieser Welt viel Geld. Schließlich betragen die Lohn-
kosten in den weniger entwickelten Ländern in der Regel nicht
einmal ein Zehntel von denen der Industrieländer.

Der Begriff »Globalisierung« leitet sich vom Wort »Globus« ab – einer Kugel, die unseren Planeten darstellt und auf der alle Länder und Meere aufgemalt sind. Im Jahr 1983 suchte der in Deutschland geborene amerikanische Wirtschaftsprofessor Theodore Levitt nach einem Wort, um zu beschreiben, wie sehr heute alles wirtschaftliche Tun der Menschen auf unserer Erde zusammenhängt. Noch nie haben so viele Menschen so viele Gegenstände kreuz und quer über den Globus miteinander ausgetauscht. Und das betrifft nicht nur

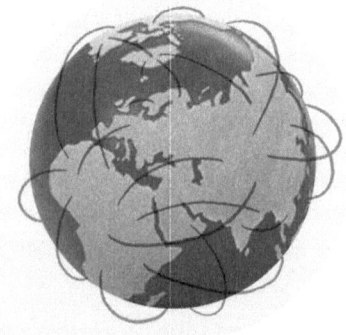

GLOBUS (Kugel, Erdball)

+ zunehmender Austausch
  von Gegenständen, Ideen,
  Mode, Liedern, Büchern,
  Geld ....

= GLOBALISIERUNG

Theodore Levitt

Gegenstände, sondern auch Ideen, Mode, Musik – und vor allem: Geld. Niemand werkelt mehr allein vor sich hin, dachte Levitt – nicht einmal ein kleiner Bauer in Afrika. Wie wir uns verhalten, was wir herstellen und kaufen, hat Auswirkungen auf alle anderen Menschen auf dieser Erde. Die Wirtschaft ist nicht mehr auf ein Dorf, eine Stadt, ein Land beschränkt, sondern mit der ganzen Welt vernetzt, also »globalisiert« – die »Globalisierung« hatte ihren Namen bekommen.

Heiligabend 2007. Während überall Bescherung unter dem Weihnachtsbaum gefeiert wird, setze ich mich an meinen PC und öffne eine neue Textdatei.

Ich versuche mich genau an die Weste zu erinnern. Am auffälligsten war natürlich ihre Farbe: Knallrot. Sie war aus Fleecestoff hergestellt. »Fleece« bedeutet auf Englisch »Flausch«. Das kann man wörtlich nehmen, es ist so flauschig wie ein Kaninchenfell. Man mag gar nicht glauben, dass es weder aus pflanzlichen Fasern wie Baumwolle noch aus tierischen Fasern wie Haar oder Fell besteht. Fleece wird aus Kunstfasern gemacht und besteht aus PET – einem Kunststoff. Und der wird aus Teilen von Erdöl gewonnen.

Doch wo genau fängt die Geschichte meiner Fleeceweste an? Dort, wo sie das erste Mal erwähnt wird, also in Auftrag gegeben wird.

10. Mai 2005. Die Zentrale der W-Warenhaus-Kette liegt direkt an der Autobahn A2 Oberhausen–Hannover nahe Gütersloh. Während draußen die Frühlingssonne scheint, zieht im Konferenzraum gerade ein Gewitter auf. Die Tage, wenn die Bestellungen für die Frühjahr/Sommer- oder – wie jetzt – für die Herbst/Winter-Kollektion rausgehen, sind für alle Mitarbeiter anstrengend.

Hinzu kommt: Der langjährige Einkaufsleiter Werner Wittkowski und die neue Marketingleiterin Elfriede Unruh können sich nicht so gut leiden. Denn Wittkowski mag keine großen Veränderungen, Unruh dagegen möchte unbedingt mehr Schwung in die Warenhauskette bringen.

Auf dem Tisch vor der Besprechungsrunde liegen: Winterjacken für Damen und Herren aus verschiedenen Materialien, Hosen aus dicken Stoffen, Pullover aus Wolle oder Polyester, Jacken und Westen aus Cord und Fleece. Dazwischen befinden sich jede Menge Prospekte mit weiteren Angeboten. Die Begleittexte sind in schlechtem Englisch verfasst. Denn die meisten kommen aus China.

Seit einiger Zeit überhäufen chinesische Textilproduzenten die europäischen Großhändler und Warenhausketten mit Angeboten. Und fast alle sind deutlich günstiger als die der Konkurrenz aus Bulgarien, Bangladesch oder der Türkei. Einige Bestellungen wie Schuhe, Skihosen und Hemden hat deshalb auch die W-Warenhaus-Kette nach China vergeben.

»Kommen wir nun zu den Fleeceprodukten«, sagt der Firmenchef. Wittkowski muss jetzt die Bremse ziehen. »Da haben wir bisher immer bei BGI (Bangladesh Garn International) in Bangladesch geordert. Die können einen guten Preis für solide Produkte machen.«

»Qualität, Herr Kollege, ist in diesem Bereich nicht so wichtig!«, wirft Elfriede Unruh ein. »Ob die Sachen fünf Jahre halten oder nur einen Winter, ist den Kunden egal. Es muss nur nach etwas aussehen. Sie wissen doch, im Bereich der Textilien gibt es nur einen Trend: Billig, billiger, am billigsten. Die Chinesen machen alles, es sieht aus wie Markenware – und ist spottbillig.«

Wittkowski protestiert: »Wir haben bisher doch immer in Bangladesch geordert!«

»Ja und?!«, entgegnet Unruh.

»Haben wir da nicht eine gewisse Verpflichtung?«

»Nein! Jeder kann jederzeit woanders ordern.«

»Wir haben aber eine Verpflichtung gegenüber unseren Eigentümern«, schaltet sich der Chef ein. »Die wollen für ihren Anteil auch noch was abbekommen.«

»Und gegenüber unseren Kunden«, erwidert Wittkowski. »Die wollen einen guten Preis und gute Ware. Denn werden die Chinesen auch tatsächlich das liefern, was sie uns versprechen? Werden sie Lieferzeiten einhalten? Wird die Qualität einen gewissen Mindestanspruch erfüllen? Verwenden sie keine giftigen Farben? BGI liefert uns schon seit 13 Jahren gleichbleibende Qualität zu vernünftigen Preisen.«

»Also gut«, spricht der Chef ein Machtwort. »Dann ordern wir die Fleeceware dieses Jahr noch in Bangladesch.«

Seine Sekretärin setzt sich nach der Mittagspause an ihren Schreibtisch, um die Bestellungen aufzulisten. Die legt sie dem Abteilungsleiter noch einmal zur Unterschrift vor. Dann werden sie direkt nach China und Bangladesch gefaxt.

Dort steht unter anderem: 1000 Fleecewesten mit 100er-Fleece, einfache Nähte, mit mittlerem Reißverschluss, seitlichen Innentaschen, in den Farben: Beige, Blau, Grau und Braun.

Merkwürdig! Von knallroten Fleecewesten steht nichts in der Auftragsliste!

KAPITEL 2

Ölreichtum in Dubai oder:
Kann man mit Geld eigentlich alles kaufen?

In der Nacht vom 10./11. August 2005. Das Erdöl tritt zutage, aus dem einmal meine Fleeceweste wird.

Doch wo befinden wir uns? Auf dem Meer, aber in Sichtweite der Küste. Und obwohl Nacht ist, weht eine warme Brise über dem Wasser. Und um uns herum erheben sich Lichtertürme wie Riesenweihnachtsbäume aus dem Meer. Das sind Förderinseln, auf denen 24 Stunden am Tag Erdöl gefördert wird. Auch die ganze nahe gelegene Küste ist erleuchtet.

Damit scheiden die Erdölfelder an Land (wie in Sibirien) und im Norden (vor Norwegen beispielsweise) aus, ebenso die afrikanischen Ölfelder wie die vor dem Sudan oder südamerikanische wie die vor Venezuela – es bleibt eigentlich nur der Nahe Osten. Denn hier leuchten nicht einzelne Lichter, es strahlt wie auf einem Mega-Jahrmarkt – selbst in 10 000 Metern Höhe verrenken sich die Passagiere nächtlicher Flugzeuge die Hälse, um hinunterschauen zu können. Die meisten von ihnen erkennen in den Lichterketten direkt vor der Küstenlinie eine riesige, von einem Kreis umschlossene Palme.

Diese Palme ist unverwechselbar: Wir befinden uns am Persischen Golf, vor dem Scheichtum Dubai. Es gehört zu den Vereinigten Arabischen Emiraten, die durch ihre riesigen Erdölvorkommen innerhalb der letzten zwanzig bis dreißig Jahre nicht nur reich, sondern superreich geworden sind. Diese Beleuchtung ist keine Festtagsbeleuchtung, sondern Alltag. Wer so gewaltige Erdgas- und Erdölvorkommen hat, kümmert sich nicht um seine Stromrechnung.

20. August 2003, früher Morgen. Ein Bohrer sticht auf einer Ölplattform in Dubai den unterirdischen Erdölvorrat an. Das Erdöl schießt sogleich durch die Bohrleitung in die Höhe. Nach 150 Millionen Jahren in den hermetisch abgeschlossenen Gesteinsschichten ist ein Erdölgemisch entstanden, das vor sich hin gärt, dabei eine Menge Gas freisetzt und deshalb mächtig unter Druck steht. Früher bildeten sich dann große Erdölfontänen, die häufig sogar Feuer fingen. Heute wird das Öl gleich aufgefangen und abgeleitet. Tag für Tag …

Doch wie ist dieses Erdölgemisch eigentlich entstanden? Dazu müssen wir 200 bis 900 Millionen Jahre zurückgehen. Zu dieser Zeit gab es nur ein riesiges Meer, den Urozean, und alle heute existierenden Kontinente bildeten noch eine einzige zusammenhängende Landmasse. Um diese Landmasse herum gab es riesige Gebiete, an denen das Meer ziemlich flach war – wie bei uns heute das Wattenmeer. Und gerade in diesen Gebieten tummelten sich die ersten Lebewesen. Das waren vor allem Rot- und Grünalgen, aber auch schon kleine Tiere: quallenartige Wesen, Ringelwürmer, erste Korallenarten und Stachelhäuter – die Vorläufer von Seeigeln und Seesternen.

Da der Erdmantel noch nicht so fest war wie heute, sondern sich immer noch hin und her und auf und ab bewegte, wurden immer wieder größere Meeresbecken vom offenen Meer abgetrennt. In diesen Becken lebten große Mengen an Lebewesen, und als sie starben, wurden sie nicht ins offene Meer abgetrieben, sondern sanken zu Boden. Es waren so große Mengen, dass sie weder gefressen noch von Bakterien zersetzt wurden.

Ohne Sauerstoff konnten sie allerdings auch nicht verwesen – es entstand eine Art moorige Masse. Im Laufe der Jahrmillionen lagerten sich über dieser moorigen Masse

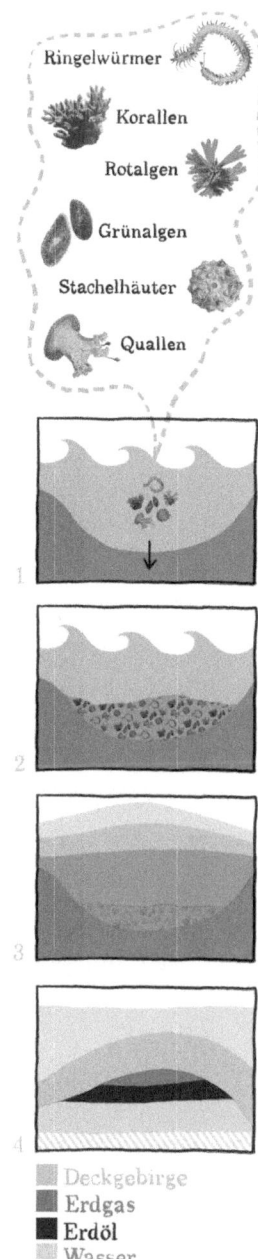

Ringelwürmer

Korallen

Rotalgen

Grünalgen

Stachelhäuter

Quallen

Deckgebirge
Erdgas
Erdöl
Wasser
Speichergestein

nicht nur Sand und Schlamm ab, auch ganze Erd-
schollen schoben sich darüber. Dort, wo undurchläs-
sige Schichten diese von allen Seiten einschlossen,
bildeten sich unter Hitze und großem Druck Hunderte
von Kohlenwasserstoffverbindungen. Druck und Hitze
und dazu wahrscheinlich einige Bakterien waren dann
auch an der weiteren Zersetzung beteiligt, bis das Erdöl
entstanden war.

Letztlich ist die Entstehung des Erdöls immer noch
ein Geheimnis. Wie dieser Prozess genau funktioniert,
ist bis heute nicht erforscht. Am Ende steht jedenfalls
ein kleines Wunder: ein Stoff, der fast nur aus Energie
und anderen kostbaren Bestandteilen besteht.

Wenn die Natur nicht vor Millionen Jahren riesige
Mengen an Erdöl, Erdgas und Kohle hätte entstehen
lassen, würde die Menschheit wahrscheinlich noch
immer mit Pferdekutschen übers Land und mit Segelschiffen über die Gewässer reisen – die Globalisierung,
wie wir sie heute kennen, hätte es nicht gegeben. Allerdings sind diese Rohstoffe auf der Erde sehr ungleich
verteilt. Einige Länder haben gar keine oder nur wenige
abbekommen, einige schwimmen regelrecht darin, wie
beispielsweise die meisten arabischen Länder mit ihrem
riesigen Erdölvorkommen.

Zurück in die frühen Morgenstunden des 11. August
2005. Das Erdöl tritt zutage, und in der Nähe der För-

derplattform liegen einige Tanker vor Anker, darunter die 187 Meter lange *Madras*.

Das Erdöl wird nicht gleich in den Tanker gepumpt, sondern wandert über eine Pipeline am Meeresgrund in ein Zwischenlager an Land. Denn was da aus der Tiefe hochkommt, ist zunächst einmal ein Gemisch aus Öl, Gas, Salzwasser und anderen Verunreinigungen. Es ist noch nicht für den Transport geeignet, da es noch zu viel wertlosen Ballast enthält.

Deshalb wird dieses Gemisch zunächst in einen Behälter mit Unterdruck geleitet. Dabei entweicht das Erdgas und wird gleich weitergeleitet. Mit diesem Gas betreiben die Menschen in Dubai unter anderem ihre riesigen Elektrizitätswerke. In einem weiteren Tank sinkt das schwerere Salzwasser nach unten und kann abgepumpt werden. Durch Erhitzen, elektrische Spannung und die Zugabe von Chemikalien versucht man anschließend, das restliche Wasser und andere Beimengungen zu entfernen. Erst dann haben wir das eigentliche »Rohöl«, das sich in Tankschiffen oder per Pipeline problemlos transportieren lässt.

Die meisten Tankschiffe ankern draußen vor der Küste, weil sie auf Aufträge warten – manche schon mehrere Wochen. Die *Madras* muss sich nur 72 Stunden gedulden. In den etwas kühleren Morgen- und Abendstunden steht Kapitän van der Valt stundenlang auf der Brücke und sucht mit seinem Fernglas die Küste ab. Jedes Mal wenn er Dubai ansteuert, hat er den Eindruck, nicht in den Nahen Osten, sondern auf die Raumstation aus irgendeinem Science-Fiction-Film geschickt worden zu sein.

Die obersten Etagen mehrerer Wolkenkratzer leuchten blau und wirken wie unheimliche Köpfe. Andere sehen aus wie Andockstationen für Raketen: Diese Türme aus wandlosen Arbeitsdecks sind hell ausgeleuchtet und von Kränen umgeben. Doch Kapitän van der Valt weiß: Die »Raumschiff-Andockstationen« sind in Wirklichkeit die gut ausgeleuchteten Rohbauten und Gerüste künftiger Wolkenkratzer.

14. August 2005. Bei Sonnenaufgang kommt für die *Madras* endlich die Erlaubnis, den Ölanleger des Jebel Ali Port anzusteuern. Der neue Hafen von Dubai, der vor allem für Containerschiffe angelegt wurde, ist der größte Warenumschlagplatz des Nahen Ostens. Wegen des großen Tiefgangs der Tanker befindet sich der Ölanleger draußen vor dem Hafen.

Gegen acht Uhr in der Frühe macht das Tankschiff endlich an der Auffüllstation fest. Dort hängen an drei Kränen riesige Schläuche, die auf das Deck herabgelassen und an das Rohrsystem des Schiffes angeschlossen werden. Schon bald wird das Rohöl in das Schiff gepumpt. Doch bis so ein Tanker von fast 200 Metern Länge abgefüllt ist, vergehen noch viele Stunden.

Zur gleichen Zeit haben der Inder Sadek und seine Kollegen in ihrer armseligen Unterkunft am Stadtrand gerade ihr Frühstück beendet. Sie gehören zu den Gastarbeitern, die mehr als drei Viertel der Bevölkerung von Dubai ausmachen und die fast die ganze Arbeit hier erledigen: Sie arbeiten auf den Bohrinseln und Baustellen, sie kochen und kellnern in den Restaurants und bei reichen Dubaitis. Sie pflegen die Gärten, reinigen die Straßen und fahren die Taxen. Diese Gastarbeiter verdienen rund 150 bis 250 Euro im Monat – das meiste Geld davon schicken sie ihren Familien, die häufig nur von diesen Einnahmen leben müssen. Viel besser – mehr als den doppelten Lohn wie in ihrem Heimatland – verdienen die Gastarbeiter aus dem Westen: Bauleiter von Wolkenkratzern, Tierärzte auf Kamelzucht-Farmen oder Ingenieure auf Bohrinseln.

Sadek dagegen arbeitet als Handlanger beim Be- und Entladen der kleinen Handelsboote am alten Hafen. Mit dem Fahrrad fährt er zum nahe gelegenen Creek. Der Creek ist ein langer Meeresarm, der fast zehn Kilometer weit in die Wüste hineinreicht. Er dient seit Jahrhunderten als natürlicher Hafen. Und seit Jahrhunderten liegen hier die Dhaus verankert, die traditionellen Holzboote der Golfaraber.

Noch vor vierzig Jahren lag hinter dem Creek nur eine kleine Handelsniederlassung. Nur ganz wenige Häuser bestanden aus Stein, die meisten waren aus Lehm errichtet und trugen Dächer aus Palmwedeln. Die Dhaus transportieren auch heute noch fast alle Waren für den Handel im Persischen Golf: ganze Schiffsladungen Autoreifen, Kisten mit unverderblichen Lebensmitteln oder Elektroartikel aus Fernost.

Während Sadek und seine Kollegen den ganzen Vormittag in der Hitze Kiste für Kiste der schweren Fracht über die wacklige Reling an Land schleppen, steht der arabische Kapitän die gesamte Zeit schimpfend dabei. Dennoch können die Arbeiter froh sein, heute ist ein »guter Tag«, manchmal sitzen sie stundenlang wartend im Schatten und langweilen sich.

Während die Dhaus auch heute noch am Creek festmachen, hat sich die Stadt dahinter vor allem in den letzten 15 Jahren vollständig verändert. Als Kapitän van der Valt 1990 das erste Mal mit einem Schiff in Dubai anlegte, wurde gerade die Sheikh Zayed Road parallel zur Küste gebaut. Alle Ausländer spotteten

über den »Pracht-Boulevard von Dubai«, denn er führte größtenteils durch unbebautes Wüstenland. Heute wird die achtspurige Hauptverkehrsstraße von unzähligen Hochhäusern, Hotels und Apartmentanlagen gesäumt. Es herrscht Tag und Nacht Betrieb. In Dubai wird an über 15 Wolkenkratzern gleichzeitig gebaut. Und ein Ende war nicht in Sicht: Erst die weltweite Finanzkrise, die 2009 mit dem Zusammenbruch amerikanischer Banken begann, wird diesen Boom stoppen.

Nur die kleineren Hochhäuser sind einfache Kastenbauten. Die großen Wolkenkratzer wirken dagegen sehr verspielt: Das Luxushotel Burj al-Arab beispielsweise sieht aus wie ein gestrandetes Segelschiff. Die Fassade des Towers-Hochhauses bildet einen Palmenstamm nach. Das Jumeirah Beach Hotel sieht aus wie eine große Rutsche.

Doch alle diese Gebäude werden in den Schatten gestellt vom Burj Dubai, das seit seiner Einweihung 2010 Burj Khalifa heißt – nach dem Präsidenten der Vereinigten Arabischen Emirate.

Das Burj Khalifa ist mit 829,8 Metern und 189 Etagen (163 davon bewohnbar) das höchste Gebäude der Welt. In den unteren 37 Etagen ist ein Hotel eingerichtet und im 124. Stockwerk wurde eine Aussichtsplattform für Besucher eingerichtet.

Die wird allerdings häufiger aus Sicherheitsgründen gesperrt und die meisten der rund 900 Luxusapartments im höchsten Wolkenkratzer der Welt stehen leer.

DAS »WUNDER AM PERSISCHEN GOLF«: DUBAI

Dubai ist eines von sieben kleinen Scheichtümern in der Mitte des Persischen Golfs, die zusammen die Vereinigten Arabischen Emirate (kurz: VAE) bilden.

Das Land gilt als das »Wunder am Persischen Golf«. Während rundherum blutige Konflikte toben, bildet Dubai eine Oase des wirtschaftlichen Wachstums und des Friedens, wo Menschen verschiedenster Völker und Religionen auf engstem Raum zusammenleben.

Dank seines Ölreichtums und einer klugen Wirtschaftspolitik gehört Dubai zu den Globalisierungsgewinnern. Pro Einwohner gerechnet, ist es eines der reichsten Länder der Welt. Um das auch aller Welt zu zeigen, bauten die Dubaitis den höchsten Wolkenkratzer der Welt. Die Errichtung der größten künstlichen Insel der Welt wurde wegen finanzieller und ökologischer Probleme gestoppt.

Nicht zu den Staatsbürgern zählen allerdings über drei Viertel der Menschen, die in den Vereinigten Arabischen Emiraten leben. Es sind Gastarbeiter, die schlecht bezahlt werden und nur eine vorübergehende Arbeitserlaubnis bekommen.

Was die VAE gar nicht haben, ist Wasser. Trotzdem verbrauchen sie mehr als eine Million Kubikmeter Wasser am Tag. Sie sind nach den USA und Kanada das Land, das pro Einwohner das meiste Wasser verbraucht. Es stammt aus Entsalzungsanlagen. Kraftwerke und Entsalzungsanlagen werden natürlich mit Erdöl und Erdgas betrieben. Noch haben die Golfaraber dafür genug. Doch mit dem Öl geht es langsam, aber sicher zu Ende – zumindest in Dubai. Deshalb sieht die Regierung ihre Zukunft in Handel, Finanzgeschäften und dem Tourismus: Neben dem Ausbau ihres Flughafens und ihrer Flugzeugflotte haben sie einen großen Containerhafen errichten lassen. Mit Hotels und Freizeitparks wollen sie Touristen ins Land holen und mit künstlichen Inseln, Apartmenthäusern und Jachthäfen die Reichen der Welt anlocken.

Gegen Abend des 14. August 2005 ist die *Madras* zu einem Drittel gefüllt, der gesamte Füllvorgang dauert in der Regel 36 bis 40 Stunden. Ein Tanker wie die *Madras* kann rund eine Million Barrel Rohöl aufnehmen – das sind rund 159 Millionen Liter.

Das Be- und Entladen der sechs voneinander getrennten Tanks wird vom Bordingenieur, dem Portugiesen Raul, auf der *Madras* selbst koordiniert. Ein Überwachungssystem aus Sensoren und einem ausgefeilten Computerprogramm sorgt dafür, dass die Tanks gleichmäßig befüllt werden. Andernfalls könnte der Tanker in Schieflage geraten oder sogar der ganze Rumpf wie ein Schuhkarton einknicken.

Gleichzeitig meldet sich die Ölgesellschaft über Funk: Wie weit seid ihr? Denn Zeit ist Geld: 50 000 Dollar Miete muss sie für den Tanker bezahlen – pro Tag. Das heißt: Mindestens 75 000 Dollar hat sie allein schon für den Tanker gezahlt, bis das Rohöl überhaupt an Bord ist!

Und jede Stunde kostet das Unternehmen weitere 2800 Dollar. Also versucht die Ölgesellschaft, Druck zu machen. Aber Kapitän van der Valt und sein Bordingenieur sind richtige Seeleute und lassen sich nicht so schnell aus der Ruhe bringen.

15. August 2005. **Auf der Sheikh Zayed Road.** Die meisten Golfaraber, die in ihren Landrovern auf dem Weg zum Freitagsgebet in der Moschee sind, haben noch keinen Bohrturm und keine Abfüllstation aus der Nähe gesehen. Macht nichts. Öl muss man nicht erkennen

können – sondern besitzen. Wer wie der 13-jährige Mohammed als Sohn eines Einheimischen in Dubai geboren wird, der muss sich weder um Öl noch um Geld Sorgen machen. Die Golfaraber leben entweder von Zinsen und Renditen: Mieteinnahmen aus Geschäfts- und Apartmenthäusern, Aktien und Wertpapieren. Oder sie sitzen als Direktoren in einheimischen oder ausländischen Unternehmen (ohne einheimische Kontaktpersonen dürfen ausländische Unternehmen nicht in Dubai tätig werden). Mohammeds Vater ist in der Direktion der Gesellschaft beschäftigt, die die Erdöl- aufbereitungsanlage und den Ölhafen betreibt. Ein- bis zweimal am Tag sieht er nach dem Rechten und unter- schreibt einige Unterlagen – der Rest läuft von allein.

Welche Zinsen, Renditen und Aufsichtsposten man bekommt, hängt entscheidend davon ab, zu welcher Familie man gehört. Je näher der sogenannte Clan verwandtschaftlich zur Herrscherfamilie steht, desto größer sind die »Futtertöpfe«, die er verteilen kann. Ein Clan ist so etwas wie eine Gang, aber eine Gang, die man sich nicht aussucht, sondern in die man hineingeboren wird: Er besteht aus der ganzen weitverzweigten Verwandtschaft. Der Clan regelt alles für einen. Das bekommt auch Mohammed zu spüren: Vormittags muss er in die Schule gehen und zwei Tage in der Woche nachmittags in die Koranschule. Und nächstes Jahr soll er auf ein Internat in der Schweiz …

Aber zunächst muss er wie jeden Freitag den Moscheebesuch und das anstehende Familienessen durchstehen. Dabei darf Mohammed nur reden, wenn er gefragt wird – das ist in arabischen Ländern ein ungeschriebenes Gesetz. Das ganze Familienessen verläuft streng nach den traditionellen Regeln. Alle Männer tragen einen Burnus, ein langes weißes Gewand, und dazu einen Turban. Sie bleiben unter sich, selbst beim »Familienessen« speisen Frauen und kleine Kinder in einer extra Runde. Das Essen wird auf dem Boden serviert – auf dem allerdings ein riesiger, kostbarer Perserteppich liegt.

Als Mohammed bei seiner Familie eintrifft, werden erst einmal zahllose Platten mit Vorspeisen gereicht: eingelegte Auberginen, Oliven, Püree aus Kichererbsen, gebratener Sesam, Knoblauchquark, grüne, braune und orangefarbene Soßen. Und als traditionelle Hauptspeise gibt es auch dieses Mal: Lamm gegrillt, Lamm gebraten, Lamm in deftigen Soßen eingelegt und dazu ganze Berge von Reis.

Gegessen wird mit der rechten Hand. Wenn jemand mit der linken Hand in den Reis griffe, würden alle sofort angewidert zurückschrecken. Denn draußen in der Wüste haben sich die umherziehenden Golfaraber jahrhundertelang mit der linken Hand den Po abgewischt. Und obwohl sie sich heute vergoldete Luxustoiletten mit eingebauten Wasserduschen leisten können, bleibt das Wissen aus der Vergangenheit tief in ihnen verankert: Gegessen wird mit der rechten Hand.

Die Dubaitis sind wie alle Golfaraber in ihrer Lebensweise hin- und hergerissen. Mit ihrem Geld wollen sie der ganzen Welt zeigen, dass sie nicht mehr die einfachen Nomaden sind. Sie lassen die modernste Stadt des 21. Jahrhunderts errichten. Sie fahren die schnellsten Autos, tragen dicke Goldringe und Uhren und spielen Golf. Sie reisen mit großem Gefolge nach New York, London, München und mieten sich dort in halbe Luxushotels ein. Zugleich jedoch wollen sie sich nicht von ihrer traditionellen Lebensweise trennen.

Nach dem Essen sitzen die Männer wieder unter sich, rauchen Schischa, die Wasserpfeife, und trinken Tee oder starken Mokka. Der Clanchef fragt: »Und, Mohammed – wo willst du später studieren? Hast du dir schon eine gute Universität in Amerika oder England ausgesucht?«

Mohammed wird rot und blickt auf den Boden. Er will nicht lügen, aber die Wahrheit traut er sich auch nicht auszusprechen. Sein Vater springt für ihn ein: »Wenn es nach Mohammed ginge, würde er Eishockeyspieler werden.«

Alle Männer im Raum lachen. Auch die Einwohner eines der reichsten Länder der Welt dürfen nicht einfach tun, was sie wollen. Der Vater oder der Clanchef hat immer das letzte Wort.

Und dieser Clanchef setzt nun sein Teeglas ab, faltet die Hände und blickt zu Mohammed. »Wenn jeder von uns seinen Neigungen folgen würde, dann wären wir alle Rennfahrer, Pokerspieler und Kameljockeys. Dann hätte Dubai nur wenige Hochhäuser, die alle Ausländern und fremden Ölgesellschaften gehören würden.

Aber wir sind nur stark als große Familie, in der jeder seinen von Allah bestimmten Platz hat. Unser Öl geht bald zu Ende. Das Geld wurde zwar klug investiert. Was uns aber fehlt, mein Sohn, das ist Wissen! Wie baut man Hochhäuser? Wie stellt man Handys her und baut das Empfangsnetz aus? Wie managt man ein Hotel oder einen Freizeitpark mit über 1000 Beschäftigten?

Für all das brauchen wir zurzeit noch Ausländer. Und deshalb müssen unsere besten Söhne kluge Ingenieure und Manager werden. Und wenn ich von unseren klugen Söhnen spreche, dann meine ich auch dich, Mohammed.«

Mohammed sieht zu Boden und schweigt – seine Gedanken schweifen ab zum Eishockey. So übersteht er den Rest des Familienessens.

Dann ist es endlich so weit: Ihr pakistanischer Chauffeur fährt ihn zur Eissporthalle. Dubai leistet sich tatsächlich eine Eissport- und eine Skihalle mit echter Schneepiste. Wer Öl und Gas im Überfluss hat, macht sich um die Kühlungskosten keine Gedanken.

Im Umkleideraum erwarten Mohammed schon seine Clubkameraden. Er schlüpft in seinen Eishockeydress und schnappt seinen Schläger – beides »Made in USA«. Draußen in der Halle zieht ihr Trainer schon einige Bahnen über das Eis. Mit einem kräftigen Schlag befördert er den Puck in die linke Ecke des Tores. Ihr Trainer stammt aus Kanada und hat dort einige Jahre in der Profiliga gespielt. Wie hoch die

Gage des Ex-Profis ist, damit er der Jugend von Dubai Eishockey beibringt – Staatsgeheimnis. (Einen Eindruck vom Wintersport in Dubai gibt die Internetadresse *www.skidxb.com*)

Obwohl Mohammed in einem gepolsterten Trikot steckt, ist ihm ein wenig kalt. Jetzt könnte er eine wärmende Fleeceweste gut gebrauchen. Sicherlich würde er meine Weste nicht anziehen, sondern nur ein Markenprodukt – aber egal, meine Weste ist ja auch noch gar nicht fertig. Allerdings kommt ihre Herstellung am folgenden Tag einen entscheidenden Schritt voran.

KAPITEL 3

Die Prügelknaben der Globalisierung:
ein Herz für Öltanker

16. August 2005, vormittags, Jebel Ali Port. Während
Sadek zur Arbeit radelt und Mohammed zur Schule
trottet, legt unser Tanker endlich ab. Zwischen dem
Rumpf des schwer beladenen Schiffes und dem Meeres-
boden liegt kaum mehr als ein Meter Wasser. Deshalb
wird der Tanker äußerst vorsichtig von zwei Schleppern
ins tiefere Wasser gezogen.

Nun sind die Rohstoffe für meine Weste auf dem
Weg nach Chittagong, Bangladesch, und zwar mit
genau 15 Knoten Geschwindigkeit (das sind rund 24
Stundenkilometer). Das Tempo bestimmt die Ölgesellschaft, die schließlich den Treibstoff für den Tanker
zahlen muss.

Kapitän van der Valt kann jedoch noch nicht auf-
atmen. Solange die *Madras* den schwierigen Teil des
Persischen Golfes, die Straße von Hormus, nicht passiert hat, bleibt er auf der Brücke – egal ob das nun 10,
12 oder auch 16 Stunden dauert. Das Meer im gesam-

ten Golf ist sehr flach und die Fahrrinne deshalb eng. Dennoch sind viele Schiffe, besonders Tanker, unterwegs. Backbord erstreckt sich die Küste des streng islamisch regierten Iran, Patrouillenboote bewachen seine Hoheitsgewässer genauestens.

Nach knapp 150 Kilometern erreicht die *Madras* die Straße von Hormus, die Fahrrinne ist an dieser Stelle ein regelrechtes Nadelöhr von nur wenigen Hundert Metern Breite. Dieses Mal entsteht hier glücklicherweise keine Warteschlange von Tankschiffen. Nach rund 13 Stunden Fahrzeit gelangt die *Madras* in den Golf von Oman, der sich in den Indischen Ozean öffnet. Jetzt kann sich Kapitän van der Valt ganz entspannt zum Schlafen legen.

Die weitere Route unseres Tankers ist einfach: Sie führt über den Indischen Ozean an die Südspitze Indiens und von dort aus weiter Richtung Golf von Bengalen. Den größten Teil dieser rund 4500 Kilometer langen Strecke hat der Steuermann nur eine Aufgabe: Kurs halten.

Die Aufgaben der restlichen Mannschaft sind nun vor allem: den gewaltigen Motor auf optimaler Leistung zu halten und über die verschiedenen Überwachungssysteme das Schiff und seine Ladung ständig im Auge zu behalten. Das ist sehr wichtig, denn eine Ladung von über 180 000 Tonnen Rohöl gleicht einem schlafenden, leicht reizbaren Drachen. Damit eine raue See die Ladung nicht hin und her schwappen lässt, ist der Laderaum in sechs einzelne Tanks unterteilt. Diese einzelnen Tanks sind aber nicht einfach hohl, sondern von rippenartigen Stahlträgern durchzogen. Wenn das Innere des Tankers nur ein großer Hohlkörper wäre, würde er bei einer Leerfahrt bei dem kleinsten Druck von außen wie ein Schuhkarton zusammenklappen.

20. August 2005, auf hoher See. Da die Überwachungen vom Kontrollraum aus vorgenommen werden, hält sich die Mannschaft während der ganzen Überfahrt fast nur im hinteren Teil des Schiffes auf. Die Mannschaft, das sind der holländische Kapitän van der Valt, der portugiesische Bordingenieur Raul Jorges und 21 philippinische Crew-Mitglieder.

Nur ein Besatzungsmitglied läuft mehrmals am Tag das ganze Schiffsdeck ab: der Bordingenieur Raul. Um fit zu bleiben, nutzt er in seiner Freizeit das knapp 200 Meter lange Deck des Stahlkolosses als Laufbahn und joggt über Rohrleitungen und die dicken Ankerketten hinweg, an Pumpen und riesigen Ventilen vorbei.

Raul muss nur 30-mal hin- und herlaufen, dann hat er seine zwölf Kilometer Laufpensum absolviert. Hier in den Tropen allerdings ist es selbst in den Morgenstunden schon um die 30 °C warm. Er kommt so schnell ins Schwitzen, dass er sich nur die halbe Strecke vornimmt. Schließlich braucht er heute noch einige Energie für seinen Internet-Chat und die dann anstehende lange Bordschicht.

SUPERTANKER

Die *Madras* mit ihren 194 Metern Länge gehört zu den mittelgroßen Tankschiffen, die für mittlere Strecken und weniger tiefe Häfen gebaut wurden. Sie kann rund 125 000 Tonnen Rohöl oder eine andere Flüssigkeit laden, hat also 125 000 tdw (tons deadweight = Tragfähigkeit des Schiffes in Tonnen).

Als »Supertanker« bezeichnet man in unserer Sprache erst Öltanker ab 200 000 tdw. Im Englischen wird noch genauer zwischen VLCC (Very Large Crude Carrier – über 200 000 tdw) und ULCC (Ultra Large Crude Carrier – über 300 000 tdw) unterschieden.

A3	Madras	
Typ		Tankschiff
Größe		mittel
Länge		194 m
Tragfähigkeit		125 000 tdw
Fassungsvermögen		159 Mio. l
Baujahr		1997

Heutzutage sind die meisten Supertanker zwischen 310 und 350 Meter lang, haben eine Tragfähigkeit von bis zu 350 000 tdw und kommen mit 30 bis 40 Mann Besatzung aus.

Aber was heißt eigentlich 350 000 tdw Tragkraft? Solch ein Supertanker kann zwei Millionen Barrel Rohöl – also 318 Millionen Liter – laden. Damit kann man 17 000-mal einen großen Tanklastwagen füllen.

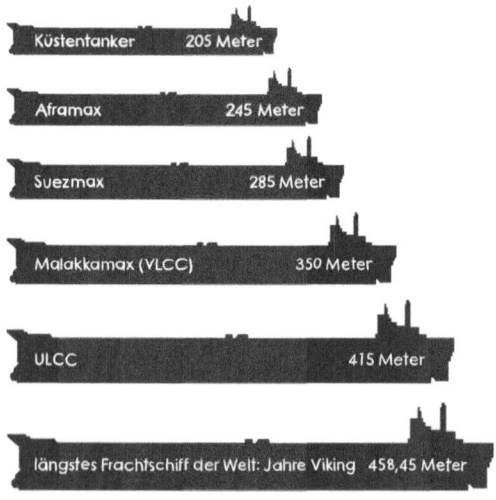

Küstentanker 205 Meter

Aframax 245 Meter

Suezmax 285 Meter

Malakkamax (VLCC) 350 Meter

ULCC 415 Meter

längstes Frachtschiff der Welt: Jahre Viking 458,45 Meter

Supertanker von über 400 Metern Länge wurden auch schon gebaut. Doch sie waren störanfällig und konnten wegen ihrer Größe und ihres Tiefgangs nur auf sehr wenigen Routen eingesetzt werden. Selbst die Supertanker von 300 bis 350 Metern Länge haben noch einen Tiefgang von 20 bis 22 Metern und können deshalb nur wenige Häfen anlaufen.

Das Internet ist für Raul eine großartige Erfindung. So kann er in der vielen freien Zeit an Bord mit Menschen in aller Welt in Kontakt treten und mit ihnen Meinungen austauschen. Mit seinem Fachwissen über Erdöl, Maschinen und Schifffahrt beteiligt er sich an Internetforen. Und Raul kann seinem Ärger Luft machen. Er ärgert sich nämlich darüber, dass offenbar niemand Tankschiffe mag.

Zugegeben, diese riesigen Ungetüme sind nicht besonders schön, ja geradezu hässlich. Aber Tankschiffe sind sehr nützlich – für die gesamte Menschheit. Außerdem sind Supertanker die größten Stahlkonstruktionen, die der Mensch je gebaut hat. Mit 300 bis 400 Metern Länge sind viele von ihnen größer als der Eiffelturm in Paris, dessen Höhe nur rund 300 Meter beträgt. Der Eiffelturm ist außerdem nur aus Bauteilen zu einer Stahlgitter-Konstruktion zusammengenietet. Die gewaltigen Schiffskörper dagegen sind zu kompakten Stahlwannen verschweißt. Die neuen Tanker werden sogar von einer doppelten Außenwand geschützt. Das soll ab 2015 Vorschrift für alle Tankschiffe weltweit werden.

Trotzdem denken die meisten Menschen immer gleich an Unfälle, große Umweltkatastrophen und verseuchte Strände, wenn sie das Wort »Supertanker« hören. Das findet Raul ungerecht: Erstens passiert gar nicht so häufig ein Unfall und zweitens ist das weder die Schuld der Schiffe noch ihrer Besatzungen. Es sind die Reeder, die ihre alten Schiffe nicht aus dem Verkehr ziehen. Und es sind letztlich die Verbraucher, die möglichst billige Energie für ihre Autos haben wollen und gar nicht so genau wissen wollen, wie ihr Benzin transportiert wird. Mittlerweile wird zwar auch viel Erdöl über Pipelines transportiert – beispielsweise von Sibirien nach Westeuropa. Doch die großen Tankschiffe bilden noch immer das Kernstück der Rohölkette.

Immer wieder tappen die Leute völlig im Dunkeln, wenn Raul sie fragt, wie viele von diesen riesigen Kanistern auf den Meeren herumfahren. Weniger als 1000 tippen manche, andere trauen sich, die Zahlen 2000 oder 3000 zu denken. Doch es sind um die 7000 Tankschiffe, die auf den Weltmeeren unterwegs sind – und das sind eigentlich auch noch zu wenig! Selbst die Reedereien scheinen keine Tanker zu mögen, denn sie lassen nur wenig neue bauen. Und damit schließt sich der Teufelskreis. Weil Tanker so einen schlechten Ruf haben, werden nur wenige von ihnen gebaut. Weil wenig neue Tanker gebaut werden, wird es in einigen Jahren einen Engpass im Öltransport geben. Weil es einen Engpass geben wird, werden viele alte Tanker länger im Dienst bleiben. Damit erhöht sich die Gefahr von Unfällen auf See mit Ölkatastrophen. Dann werden die Tanker einen noch schlechteren Ruf haben und so weiter …

Mag denn wirklich niemand Tankschiffe? Gott sei Dank hat Raul eine kleine Fangemeinde im Internet gefunden. Unter der Internetadresse *supertankers.top cities.com* treffen sich die Tankerfans. Es gibt tatsächlich ein paar hartnäckige Freaks, die ihre Freizeit damit verbringen, Tankschiffen an Häfen und Meeresengen aufzulauern, um sie zu fotografieren. In dem Forum werden Fotos und Informationen zu fast allen Tankschiffen ausgetauscht, die die Weltmeere befahren. Und unter der Rubrik »Mystik Tankers« rätseln sie über die Herkunft von Tankern, die sie nicht zuordnen können.

Raul beteiligt sich auch an Chats zu Energie- und Umweltfragen. Hier wird immer wieder heiß diskutiert, vor allem die Frage des rasant steigenden Ölverbrauchs der Menschheit. Heute verbrauchen wir rund 85 Millionen Barrel Öl an einem Tag. Ein Barrel – das sind rund 159 Liter. Also verbraucht die Menschheit täglich 13 Milliarden 515 Millionen Liter Erdöl – das wiederum ergibt im Jahr die unvorstellbare Summe von 4 932 975 000 000 Litern, in Worten: 4 Billionen 932 Milliarden 975 Millionen Liter. Drei Viertel davon werden in den westlichen Industrieländern als Energiestoffe Benzin, Diesel und Flugbenzin verbrannt.

Neben die alten Industriemächte treten immer mehr neue: vor allem Indien und China, wo seit einigen Jahren der Energiebedarf astronomisch wächst, aber auch die langsam erstarkenden Länder am Rande Europas wie Irland und Polen oder Rauls Heimat Portugal. Insgesamt soll der Energieverbrauch in rund zwanzig Jahren noch einmal um die Hälfte steigen. Denn immer mehr Güter werden um die Welt geschickt, immer mehr Menschen reisen in ferne Länder – immer mehr Autos, Schiffe, Flugzeuge benötigen Treibstoff.

Raul ist das beste Beispiel, dass es auch anders geht: Zu Hause hat er eine Solaranlage auf dem Dach seines Hofes installiert. Einen Teil seiner Ersparnisse hat er in eine der ersten Windenergie-Anlagen Portugals gesteckt. Er freut sich immer, wenn er vor allem entlang der Nordseeküste die großen Windräder sieht. Aber er weiß auch, dass man die Energiegewinnung nicht über Nacht auf erneuerbare Quellen umstellen kann. Es gibt zwar mittlerweile viele Quellen für erneuerbare Energien: Wasser- und Windkraft, Solaranlagen und Biogas. Doch sie werden auch bei der besten Entwicklung nicht einmal ein Viertel der Weltenergie decken können.

Genauso unsinnig ist eine andere Meinung, die Raul nach seiner Arbeitsschicht im Umwelt-Chat vorfindet. »Der weite Transport mit Tankschiffen macht das Öl zusätzlich teuer«, steht dort. Das stimmt nicht, rechnet Raul den Chat-Teilnehmern vor: Zwar kosten die Supertanker bis zu 80 000 Dollar Miete pro Tag – trotzdem schlagen die Transportkosten kaum zu Buche. Supertanker transportieren 1,5 bis 2 Millionen Barrel Öl. Gehen wir von nur 1,5 Millionen Barrel aus, das sind rund 240 Millionen Liter, und einem langen Transportweg von rund 10 000 Kilometern, dann muss der Supertanker einschließlich dem Be- und Entladen ungefähr 20 Tage gemietet werden. Raul rechnet alles im Kopf durch: 20 Tage zu je 80 000 Dollar gleich 1,6

Millionen, geteilt durch 240 Millionen Liter Öl, macht: Frachtkosten von 0,66 Cent pro Liter! Das sind weniger als ein halbes Prozent des Endverbraucherpreises.

Gleichzeitig bringt ein anderer Teilnehmer die Frage ein, die am häufigsten in diesem Chat diskutiert wird: Wie lange reicht das Öl für den wachsenden Energiehunger der globalisierten Welt?

»Die Regierungen lügen uns gemeinsam etwas vor«, meint einer, der sich »Warner« nennt, »tatsächlich wird das Öl schon bald knapp und überall auf der Welt wird es dann dunkel sein.«

Das kann Raul nicht so stehen lassen: »Es sind noch genug Reserven vorhanden. Nicht nur das: Die Techniken zum Aufspüren und zur Erschließung von Erdölfeldern haben große Fortschritte gemacht. Heutzutage können viele Felder, die man früher übersehen hat, gefunden werden. Und auch Felder in größerer Tiefe lassen sich erschließen. Rund 42 000 Erdölfelder sind zurzeit bekannt. Viele davon warten auf ihre Erschließung.«

»Alles falsch«, wettert der »Warner«. »Die großen Erdölfelder sind alle längst erschlossen. Nur 300 von den 42 000 Feldern sind wirtschaftlich wirklich interessant. Deshalb kann es schon in zehn Jahren zu dramatischen Engpässen kommen!«

»Nein«, entgegnet Raul. »In zehn Jahren werden auch Ölvorkommen abgebaut, deren Abbau früher zu teuer gewesen wäre. Zum Beispiel wenn das Erdöl nicht in reiner Form vorliegt, sondern mit Sand vermischt ist. Die wichtigste Frage ist doch: Wann wird die Produktion so teuer, dass sie unwirtschaftlich wird. Das heißt: Wann wird das Benzin an der Tankstelle zu teuer für die meisten Autofahrer sein?

Wie lange wir noch bezahlbare Energie haben, hängt nicht nur von den Ölvorräten ab, sondern auch von zwei weiteren Faktoren: Erstens von der Erschließung anderer Energiequellen. Und zweitens vom Verbrauch. In einer aktuellen Umfrage haben 80 Prozent der Autofahrer in Europa gesagt, sie würden künftig ihre Fahrten mit dem Auto einschränken.«

Raul fährt seinen PC herunter. Während er das Zimmer verlässt und die Treppe zur Schiffsbrücke nimmt, geht ihm der Streit weiter durch den Kopf. Das ist merkwürdigerweise wirklich der Stand der öffentlichen Diskussion. Dank GPS können wir die Lage unseres Schiffes bis auf den Meter genau bestimmen, die Instrumente zeigen auf den Liter genau an, wie viel Rohöl wir geladen haben und welche Temperatur es hat. Doch bei der entscheidenden Frage nach den weltweiten Energievorräten tappt die Menschheit im Dunkeln.

◈

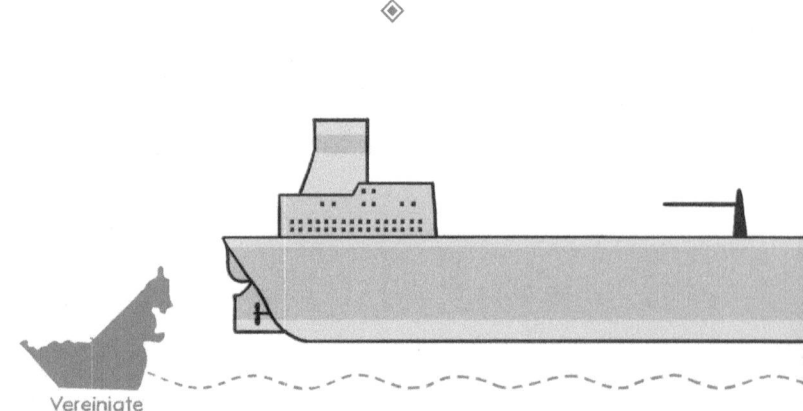

Vereinigte
Arabische Emirate → Jebel Ali Port → Persischer Golf → Straße von Hormus → Golfküste → Golf v

Keine besonderen Vorkommnisse, bis die *Madras* am 22. August 2005 den Golf von Bengalen erreicht. Auch hier ragen einzelne riesige Ölplattformen aus dem Wasser. Bangladesch fördert selbst Öl. Es wird über eine Pipeline zum Ölhafen von Chittagong transportiert. Trotzdem muss das Land auch Öl einführen. Erstens reicht das eigene nicht für den eigenen Bedarf. Zweitens muss es gemischt werden. Denn Öl ist nicht gleich Öl – das eine ist zu schwefelhaltig, das andere zu zähflüssig. Erst die Mischung macht's.

Hier im Golf färbt sich das Wasser langsam braun – nicht etwa vom Erdöl. Es sind die Strömungen der großen indischen Flüsse, die ihre braunen Fluten weit in die Bucht hineintragen. Bangladesch liegt im Mündungsgebiet der drei großen Flüsse Ganges, Brahmaputra und Meghina. Wo sie zusammenströmen, haben sie im Laufe der Jahrtausende ihren Schlamm angeschwemmt und so das Land immer weiter ins Meer hinein verlängert. Dieses Gebiet ist sehr fruchtbar, aber auch ständig von Überschwemmungen, Fluten und Wirbelstürmen bedroht. Chittagong ist Bangladeschs einziger Seehafen und liegt östlich des Deltagebietes mit seinen vielen Untiefen.

Lange bevor die *Madras* den Hafen erreicht, fährt sie an ganz vielen alten und verlassenen Schiffen vorbei. Es sind ausgemusterte Tanker, Frachter und Fähren, die darauf warten, an den Strand geschleppt zu werden. Dort in der Abwrackzone werden sie größtenteils per Hand zerlegt. Kapitän van der Valt hat sich das letztes Jahr einmal aus der Nähe angeschaut. Er hat ein Taxi genommen und ist raus zum Strand von Chittagong gefahren. Früher haben wir dort gebadet, erzählte ihm der Taxifahrer. Heute ist der ganze Strand von einer schwarzen, klebrigen Ölschicht überzogen.

Halb im Wasser, halb an Land liegen hier die großen Schiffe wie gestrandete Wale – und warten auf ihr Ende. Einem Frachter wurde gerade der Bug abgetrennt, daneben liegt das Heck eines Tankers mit den Aufbauten und der Kommandobrücke etwas weiter im Wasser. Es gibt keine Dock-Anlagen wie auf Werften, mit denen die Schiffsrümpfe aus dem Wasser gezogen werden könnten. Nur hin und wieder rückt ein großer Kran an, um schwere Eisenteile abzutransportieren. Alles andere wird hier von Menschen mit einfachsten Hilfsmitteln getan: Schweißgeräte, Schraubenzieher und Stemmeisen. Menschen, die neben den großen Stahlschiffen sehr klein wirken – und sehr verletzlich.

»Es gibt hier viele Unfälle«, hat ein Vorarbeiter Kapitän van der Valt erzählt. »Doch das interessiert die Auftraggeber nicht.« Die Reste der Öle und Fette, die noch in den Maschinen und Tanks lagern, werden nicht in Auffangbecken gepumpt. Sie laufen einfach am Strand aus.

Chittagong selbst liegt nicht direkt am Meer, sondern etwas im Landesinneren an einem großen Fluss, dem Karnaphuli. Doch der hat bei Ebbe nur einen Tiefgang von sechs Metern. Deshalb befindet sich Chittagongs Ölhafen an der Mündung des Flusses, am Ende eines langen Stegs, der weit ins Meer hinausragt.

Kaum hat die *Madras* dort angelegt, wird das Rohöl wieder vom Schiff gepumpt. Durch eine Leitung gelangt es in riesige Tanks. Die sind schon zur Hälfte mit Rohöl gefüllt, das vor der Küste gefördert wurde. Die beiden Öle zusammen bilden eine gute Mischung für die Weiterverarbeitung.

Nach der Entladung des Tankers werden zunächst die Tanks mit Wasser ausgewaschen. Dann wird das ganze Schiff überholt. Eine ganze Mannschaft von Experten klettert dazu an Bord. Sie schwärmen auf dem Schiff aus, nehmen die Rohrleitungen, die Schieber und die ganze Elektronik unter die Lupe und klettern in die Tanks. Rohöl, Salzwasser und Sauerstoff setzen dem Metall der Schiffswände arg zu. Obwohl die Wände immer wieder einen Schutzanstrich erhalten, frisst sich das Gemisch durch die Schutzschicht und greift das Metall an. Es fängt an zu rosten. Erst wenn die Experten ihre Liste abgearbeitet haben, darf das Schiff auslaufen. Doch die Zeit drängt natürlich. Es geht um 40 000 Dollar pro Tag …

KAPITEL 4

Generalstreik in Chittagong!
Ganz Bangladesch hängt an einem Faden

23./24. August 2005, nachts, in einem der Slums von Chittagong. Noch im Dunkeln haben Mohmin und sein junger Nachbar Kholil mit ihren Mitstreitern die letzten Einzelheiten durchgesprochen. Da das Stromnetz wieder einmal zusammengebrochen ist, fertigen sie ihre Transparente im Schein einer Petroleumlampe an: Ein Bettlaken und zwei Besenstiele hat ihr Kollege Abdul von der Gewerkschaftszentrale mitgebracht. Aber was sollen sie auf das Transparent schreiben? Sie wollen mehr Lohn, so viel ist klar.

Mohmin ist Vorarbeiter in der Polyester-Fabrik, Kholil arbeitet in einem Verwertungshof, wo Plastikmüll aufgearbeitet wird. Doch beide haben es satt! Sie arbeiten bis zum Umfallen, und trotzdem leben ihre Familien im Slum und müssen sich immer wieder verschulden, um über die Runden zu kommen.

Aber es geht auch um die Sicherheit am Arbeitsplatz. Mohmin weiß, wovon er spricht. Früher hat er in einer Raffinerie am Hafen gearbeitet. Diese Anlage, in der sich aus Erdöl nicht nur Benzin und Heizöl, sondern auch chemische Stoffe und Asphalt gewinnen lassen, würden europäische Chemiearbeiter für ein Raffinerie-Museum halten. Tatsächlich besteht sie aus Teilen einer alten Industrieanlage, die früher einmal in Europa gestanden hat. Vor vierzig, fünfzig Jahren haben englische Arbeiter an diesen Maschinen gestanden, dann wurden die Anlagen aufgegeben: zu alt, zu ineffektiv, zu gefährlich für die Arbeiter in England. Aber nicht zu gefährlich für Arbeiter in Bangladesch. Nur in einem Lendenschurz laufen sie Tag und Nacht durch dieses riesige Labyrinth aus Rohrleitungen, großen und kleinen Metalltanks – durch dieses unbeschreibliche Gemisch aus Hitze, Lärm und Gestank. Es gibt kaum Sicherheitsvorschriften und keine Schutzbekleidung.

Kein Wunder, dass Mohmin eines Tages so gefährliche Dämpfe abbekam, dass er umfiel und ins Krankenhaus musste. Als er wieder auf den Beinen war, war seine Stelle von einem anderen besetzt. Fabrikbesitzer müssen keine Entschädigungen zahlen. Sie entlassen einfach die Unfallopfer – draußen stehen Hunderte, die deren Stelle sofort einnehmen.

Und auch dagegen wollen Mohmin und seine Kollegen demonstrieren. Aber »Mehr Sicherheit für gefährliche Arbeitsplätze!« – das klingt zu lang und zu harmlos. Also schreibt Kholil – der Einzige von ihnen, der richtig schreiben kann: »30 PROZENT MEHR – SOFORT!«

BANGLADESCH – EIN LAND
IM STÄNDIGEN AUSNAHMEZUSTAND

Bangladesch ist mit 144 000 Quadratkilometern nicht einmal halb so groß wie Deutschland (357 000 Quadratkilometer), hat aber über 150 Millionen Einwohner (Deutschland: 82 Millionen). Bangladesch ist das dichtbesiedeltste Land der Erde – rund 1000 Einwohner leben auf einem Quadratkilometer. Zum Vergleich: In Deutschland sind es 232 Einwohner pro Quadratkilometer.

Trotzdem leben in Bangladesch über 70 Prozent der Bevölkerung von der Landwirtschaft. Es können deshalb nur Produkte angebaut werden, die auf kleiner Fläche größte Erträge liefern. Also wird nicht Baumwolle, sondern vor allem Reis angebaut.

Die tropischen Temperaturen würden mehrere Ernten im Jahr zulassen – doch in Bangladesch herrscht die Hälfte des Jahres Ausnahmezustand: März/April und Oktober sind die Zeiten der tropischen Wirbelstürme und von Juni bis September ist Monsunzeit. Winde treiben dann schwere Wolkenfelder über das Land und es gibt heftige Regenfälle.

Der Großteil von Bangladesch liegt in einem Flussdelta, das von drei großen Strömen gebildet wird. Die großen Ströme schwellen an und es fließt so viel Wasser durch die drei großen Flüsse wie durch alle Flüsse in Europa zusammengenommen. Wenn dann noch das Meer bei einer Sturmflut die

Wassermassen der Flüsse zurück ins Delta drückt, kommt es zu riesigen Überschwemmungen.

Bisher konnten sich die Bangladeschi mit den Überflutungen einigermaßen arrangieren: Immerhin schwemmt das Wasser fruchtbaren Boden auf die Felder. Doch die Überschwemmungen nehmen langsam, aber sicher immer größere Ausmaße an, weil der Klimawandel den Meeresspiegel langfristig ansteigen lässt. Im Jahr 2004 beispielsweise waren die Unterkünfte von 34 Millionen Bangladeschi – ein Viertel der Bevölkerung – überschwemmt.

Reiche Länder schützen sich mit höheren Staudämmen, in Bangladesch geht das nicht. Selbst wo Gelder für den Dammbau vorhanden sind, sorgt die Bestechlichkeit dafür, dass die Gelder an falscher Stelle abgezweigt werden. Im Jahr 2050 wird deshalb voraussichtlich rund ein Sechstel der Landesfläche überflutet sein. Rund 20 Millionen Menschen haben dann ihren Grund und Boden verloren.

Aktuelle Informationen über Bangladesch in deutscher Sprache verbreitet die Organisation »Netz« unter: *www.bangladesch.org*

Gegen Morgen gehen Mohmin und Kholil nicht zur Arbeit in der Nähe des Hafens, sondern in die Innenstadt, zum zentralen Basar, der vor dem Bahnhof liegt.

Immer mehr Arbeiter versammeln sich dort. Einige tragen Helme und sind mit dicken Stöcken bewaffnet. Und auf den Transparenten, die über den Köpfen der Menge erscheinen, stehen nicht nur Forderungen nach mehr Lohn und Arbeitsschutz: »Nieder mit den Konzernen!« – »Nieder mit der Regierung!« – »GENERALSTREIK!« Jeweils auf Bengali und auf Englisch. Auf Englisch, damit die ausländischen Reporter das verstehen und davon berichten können.

Ihre Demonstration ruft zum Generalstreik auf. Das heißt, dass alle Arbeiter und Angestellten die ganze Stadt lahmlegen wollen: Busse, Schiffe und LKWs fahren nicht mehr, Fabriken stehen still und Geschäfte sind

geschlossen. Drei Generalstreiks hat es in diesem Jahr schon in Chittagong gegeben. Und das bekommt dann das ganze Land zu spüren, denn fast alle Waren, die Bangladesch aus- und einführt, werden über den Hafen von Chittagong umgeschlagen. Wenn sich im Hafen und in den Raffinerien nichts regt, droht die ganze Textilproduktion im Land zum Erliegen zu kommen.

Deshalb greift die Regierung dieses Mal hart durch. Sie lässt Polizei und Armee auffahren. Die postieren sich am Hafen, an den Werkstoren der Raffinerien und an den großen Kreuzungen in der Innenstadt.

Doch die Arbeiter und ihre Gewerkschaftsführer lassen sich nicht einschüchtern. Sie sammeln sich und laufen die Station Road entlang. Sie wollen in die Dhaka Trunk Road, die zum Hafen führt.

Kholil und Mohmin halten ihr Transparent »30 PROZENT MEHR – SOFORT!« hoch und führen damit ihren Block an. Sie kommen allerdings nur zwei Kreuzungen weit. Die Polizei hat mit ihren Mannschaftswagen und Wasserwerfern die Fahrbahn blockiert. Davor stehen zwei Reihen Polizisten, die mit schweren Helmen, großen Schilden und dicken Knüppeln ausgerüstet sind.

Ganz vorn gibt es erste Rangeleien und dann macht es mehrmals »Plopp!«. Schießen die Polizisten etwa? Doch die Gewerkschaftsführer beruhigen die Menge: »Keine Panik! Das ist nur Tränengas! Tücher vors Gesicht! Nichts in die Augen reiben!«

Dann stürmt die Polizei vor. Mit ihren Schilden drängen sie jeden, der im Weg ist, an die Seite. Und mit ihren langen Stöcken schlagen sie brutal zu. Kholil hat noch nie in seinem Leben so viel Angst bekommen. Er lässt das Transparent fallen, flieht in eine Seitengasse und kann entkommen.

Mohmin dagegen lässt das Transparent nicht los. Er wird von Polizisten eingekesselt, sie versuchen, das Transparent herunterzureißen. Doch Mohmin lässt immer noch nicht los. Da erhält er einen Schlag auf den Kopf, zwei Polizisten ergreifen ihn und schleppen ihn zu einem Polizeitransporter.

Während draußen Polizeisirenen heulen, wird in der Hafen-Raffinerie unter Polizeiaufsicht weitergearbeitet.

Unsere Rohölmischung, die in einem der großen Tanks in der Nachbarschaft einige Tage ablagerte, wird nun über viele weitere lange Rohre in die Raffinerie geleitet. In diesem Labyrinth aus Rohrleitungen, Behältern und vielen anderen Geräten dampft, zischt und lärmt es – mit dem Rohöl passiert hier im Prinzip zwei Dinge: Als Erstes wird es in einen zylinderförmigen, fast 50 Meter hohen »Kochtopf« geleitet, eine sogenannte Destillationskolonne, und wird auf bis zu 400 °C erhitzt. Dabei trennen sich die unterschiedlichen Kohlenwasserstoffverbindungen voneinander: Gase und leichtes Benzin verdampfen und drängen nach oben; Teer und Schmieröle setzen sich am Boden ab. Dazwischen siedeln sich die mittleren Kohlenwasserstoffe an – darunter Ethylenglykol und Terephthalat-Verbindungen. Diese Grundbausteine für Kunststoff werden von den anderen Bestandteilen getrennt und über Rohrleitungen zum zweiten Arbeitsvorgang geleitet.

Sie gelangen jetzt zusammen mit einem Katalysator – das Schwermetall Antimon – in eine Druckkammer. Unter großem Druck wird die Mischung auf 240 °C erhitzt und so zu langen Kettenmolekülen verbunden. Chemisch ausgedrückt heißt das: Ethylenglykol und die Terephthalat-Verbindungen werden miteinander polykondensiert – es entsteht »Polyethylen-terephthalat«, kurz PET. Ein Endlosmolekül wie eine kilometerlange Kette. Kein anderer Stoff ist so stabil und gleichzeitig so formbar! Am Boden der Druckkammer befinden sich sechs Düsen, aus denen das weißgraue Polyethylen in einem bleistiftdicken Strahl austritt wie Zahnpasta aus der Tube.

Die PET-Fäden werden nun in kurze Abschnitte geteilt und gekühlt. Diese haselnussgroßen Stücke heißen »Granulat« und bilden das Ausgangsmaterial für eine ganze Menge Dinge. Denn das PET ist ein wahrer Zauberkünstler. Bei über 120 °C wird es flüssig – dann lässt es sich in beliebige Formen pressen oder zu dünnen Folien auswalzen. PET und andere Kunststoffe sind damit die wichtigsten Bausteine unserer globalen Konsumwelt. Aus ihnen entstehen: Einkaufstüten, die Verpackungen für Lebensmittel und Chips, die Gehäuse unserer Handys, Walkmen, Notebooks. Auch Farben und selbst Medizin enthalten einen Teil der Substanzen, die aus Erdöl gewonnen werden.

Das meiste PET wird jedoch benutzt, um Verpackungen herzustellen. Denn die Welt, in der alle Güter über weite Entfernungen geschickt werden, ist vor allem eine Welt der Verpackungen. Es gibt sogar Verpackungen für Verpackungen. Und es gibt Verpackungen für gebrauchte Verpackungen – das sind bei uns die gelben Säcke.

In vielen Teilen der Erde öffnen die Menschen die Plastikverpackungen und lassen sie einfach auf den Boden fallen – egal, wo sie gerade stehen. Viele Regionen in Asien, Südamerika und Afrika sind deshalb schon mit Plastikmüll übersät. In Indien und Bangladesch sterben viele Kühe, weil sie durch die Straßen wandern und dort Abfälle in Plastiktüten fressen (selbst die starken Säuren der Kuhmägen können PET nicht verdauen). Während die Abfallberge dort in den Himmel wachsen, sieht die Situation in Deutschland ganz anders aus.

Die Deutschen sind die Recycling-Weltmeister. Was nicht verwertet werden kann, landet in der Restmülltonne. Alles andere wird getrennt gesammelt – eine ganz schöne Sortierarbeit: Biologischer Abfall wird in der braunen oder grünen Tonne entsorgt. Papier kommt in die Altpapiertonne und Gläser und Flaschen landen in zentralen Sammelcontainern.

Am aufwendigsten ist der »Grüne Punkt«-Abfall, der vor allem aus Plastikmüll besteht. Jeder Joghurtbecher wird hier fein säuberlich ausgewaschen und in den gelben Sack oder die gelbe Tonne geworfen. Ein Teil davon wandert zwar trotzdem in der Müllverbrennungsanlage, doch das meiste landet in Recyclinghöfen und wird dort sortiert. Der Plastikmüll wird zu Ballen gequetscht und macht genau in diesem Moment eine wundersame Verwandlung durch: Er ist jetzt kein Plastikmüll mehr, sondern ein wertvoller Rohstoff, für den rund 300 bis 400 Euro pro Tonne gezahlt werden.

Der Plastikmüll, der PET-Rohstoff, wird in Container verladen und dann vor allem nach Asien verschickt. Auf dem Hof der Chemiefirma in Chittagong steht auch so ein Container mit Plastikmüll aus Deutschland.

Am selben Tag nachmittags. Die Arrestzellen im Polizeihauptquartier von Chittagong liegen im Keller, hier ist es finster und feucht. Zusammen mit zwanzig anderen Leidensgenossen wurde Mohmin in einen kleinen Raum eingesperrt. Keiner weiß, was mit ihnen geschehen wird. Alle haben Angst – Sekunden ziehen sich hin wie Minuten, Minuten ziehen sich hin wie Stunden.

Dann wird einer nach dem anderen aus der Zelle geholt – und kommt nicht zurück. »Ist das ein gutes oder schlechtes Zeichen?«, fragen sich die Männer. Schließlich wird auch Mohmin zum Verhör in einen dunklen Raum geführt, in dem nur ein Tisch und zwei Stühle stehen. Mohmin muss seinen Namen nennen, er muss sagen, wo er wohnt und wo er arbeitet.

»Wer ist euer Anführer?« Immer wieder kommt die Frage: »Wer ist euer Anführer?« Denn danach sucht die Polizei, danach sucht der Geheimdienst, danach sucht die Regierung: Anführer. In ihren Augen sind nicht die schlimmen Verhältnisse im Land schuld an den Demonstrationen und Streiks, sondern bösartige Rädelsführer, die die armen Menschen gegen die Regierung aufwiegeln.

Klatsch! Mohmin erhält vom Fragenden eine so kräftige Backpfeife, dass sein Kopf nicht mehr aufhört zu brummen. Was soll er nur antworten? Mohmin kennt keinen Anführer. Sein Kollege Abdul hat ihm vom geplanten Streik erzählt. Aber der ist doch kein Anführer? Klatsch!

Während Mohmin noch in dem dunklen Verhörraum sitzt, ist es Kholil gelungen, zu seinem Arbeitsplatz zurückzuschleichen. Auf dem Verwertungshof stehen etliche Container. Sie sind bis zum Rand gefüllt mit Ballen aus gequetschtem Plastikmüll. Arbeiter schleppen die Ballen zur Schredderanlage und schneiden sie auf. Die Mahlmaschine zerfetzt vor allem Verpackungen und PET-Flaschen in kleine Flakes. Diese Flakes werden dann gewaschen und kommen auf ein Fließband.

An diesem Fließband stehen Kholil und viele andere junge Menschen und sortieren mit ihren flinken Händen die Flakes aus. Zack, zack, zack: Die bunten kommen nach links – aus ihnen werden später Folien und Füllmaterialien. Zack, zack, zack: Die weißen kommen nach rechts – aus ihnen kann ein farbloser Webfaden produziert werden, der sich später färben lässt.

Heute versucht Kholil noch schneller zu sein als die anderen. Er will zeigen, wie brav er ist. Nie wieder geht er auf eine Demonstration. Zack, zack, zack. Was nur aus Mohmin geworden ist?

24. August 2005. Nach einem langen Verhör wurde Mohmin am Vortag laufen gelassen. Nun steht er pünktlich zur Frühschicht vor dem Werktor: Eingeschüchtert, mit einer angeschwollenen Wange und einem blauen Auge. Das Tor geht auf – und neben den Werkwächtern steht der Firmenchef persönlich. Der Chef hält Mohmin an: »Wie heißt du?«

»Mohmin.«

»Du hast gestern gefehlt und warst auf der Demonstration?«

Mohmin antwortet nicht, sondern senkt nur seinen Blick.

»Ich müsste dich eigentlich entlassen! Aber ich habe keinen Ersatzmann für die Spritzdüsen. Und wir müssen Extraschichten fahren. Alle Webereien steigen beim Fleece ein und wollen plötzlich unser Polyestergarn. Also flott!«

Mohmin eilt weiter, und dabei entfährt ihm ein kurzes Dankesgebet: »Gepriesen seien Allah und Mohammed, sein Prophet!«

»Aber ich behalte dich im Auge!«, hört er noch von hinten.

Mohmin geht um den Schmelzofen herum, in dem gerade ein Teil PET-Granulat, das aus unserem Rohöl gewonnen wurde, und ein Teil recycelter PET-Rohstoff aus Deutschland zusammen erhitzt werden.

Sein Arbeitsplatz befindet sich an den Düsen. Die Masse im Ofen hat die richtige Temperatur. Er öffnet die speziellen Düsen, die daraufhin ganz dünne Polyesterfäden ausscheiden. Mohmin leitet die Fäden durch einen Luftzug, wo sie erhärten, dabei aber elastisch bleiben. Die Polyesterfäden werden um einige Ecken geführt und schließlich auf Spulen aufgerollt. Die Fäden für den späteren Fleece erhalten noch eine Sonderbehandlung. Sie werden aufgeraut, damit das Gewebe später dicht und flauschig wird.

Für Bangladesch hat dieser synthetische Faden eine besondere Bedeutung. 75 Prozent der Exporte des Landes machen Textilien aus – doch Bangladesch hat keine eigene Baumwolle. Muss Baumwolle eingeführt werden, lässt das die Gewinne schrumpfen. Zum Glück aber für die Textilindustrie in Bangladesch hat sich im letzten Jahrzehnt ein neues Produkt durchgesetzt: synthetische Fasern – besonders Polyester. Weltweit werden bereits 40 Prozent der Textilien aus diesen Kunstfasern hergestellt. Bangladesch verfügt über eigenes Erdöl und damit über die Möglichkeit, Kunstfasern wie den Fleecestoff für meine Weste selbst zu produzieren.

KAPITEL 5

Tuck-Tuck-Rennen, Sintfluten und
die Geburt einer ungeplanten Fleeceweste –
Alltag in Bangladeschs Textilindustrie

1. September 2005, vor dem Hotel Intercontinental im
Zentrum von Dhaka, der Hauptstadt von Bangladesch.
Als drei europäische Handelsvertreter das Hotel verlas-
sen, werden sie sofort umlagert. Sämtliche Fahrer der
rund dreißig Dreirad-Taxen, die vor dem Hotel stehen,
wollen die »Bideshi« – die Fremden – mit sich zerren.
Die Handelsvertreter steigen bei Hassan ein, der als
Einziger ruhig abwartend in seinem Tuck-Tuck sitzt.

Zigtausende dieser motorisierten Dreirad-Fahrzeuge
sind in Asiens Städten unterwegs, und überall werden
sie »Tuck-Tuck« genannt – warum, wird jedem sofort
klar, wenn der Motor startet. Er fängt langsam an zu
tuckern, das Tuckern wird immer schneller und lauter und schüttelt Fahrer, Mitfahrer und Ladung heftig
durch – schon bevor sie überhaupt losfahren.

Irgendwann startet das Gefährt auch tatsächlich und
ist dann kaum noch zu bremsen. Tuck-Tucks schlän-

geln sich überall durch, sie kommen durch die engsten Gassen, durch die kein Auto passt. Und in Überschwemmungszeiten reichen zwei, drei Männer, um sie aus dem dicksten Schlamm zu ziehen.

Die Tuck-Tucks haben einen Kabinenaufbau und befördern zwei, drei, manchmal auch fünf oder sechs Personen. Und wenn es sein muss, auch große Ladungen Reis, Zeitungen oder Möbelstücke. Am meisten Geld aber lässt sich machen, wenn man das Glück hat, hin und wieder Bideshi zu transportieren. Von denen kann man viel mehr Geld verlangen als von Einheimischen.

Doch ob er viel oder wenig einnimmt – das meiste Geld muss Hassan am Abend abliefern. Denn wie die meisten Fahrer hat er sein Tuck-Tuck mit geliehenem Geld gekauft. Geliehen von einem privaten Geldverleiher, der dafür zehn Prozent Zinsen verlangt – im Monat. Deshalb muss Hassan jeden Auftrag annehmen.

Es geht zu einer Weberei am Stadtrand. »Directly and very quickly!«, ermahnt ihn einer der Bideshi. Diese Ermahnung ist völlig unnötig. Denn Hassans ganze Ehre hängt daran, dass er eines der schnellsten Tuck-Tucks in Dhaka fährt.

Tuck-Tucks haben zwar nur drei Räder, aber dafür eine besonders große und laute Hupe. In Bangladesch ist die Hupe fast genauso wichtig wie der Motor. Denn mit der Hupe verschafft Hassan sich Respekt. »Prööööt! Prööt! Weg da, jetzt komm ich!«

Eine angenehme Brise vertreibt die aufgestaute Hitze und lässt die Wedel einzelner Palmen schaukeln. Die Palmen stehen in kleinen Gärten vor weiß getünchten Häusern. Sind wir noch immer in Bangladesch? Ja, Hassans Tuck-Tuck durchquert Dhanmondi, eines der vornehmen Viertel von Dhaka, und kommt am National Square vorbei.

Dhaka hat mit seinen Randbezirken rund 15 Millionen Einwohner. Mindestens die Hälfte von ihnen wohnen in Slums. Bangladesch wird in den Medien immer einseitig dargestellt: Überschwemmungen und Hunger. Es gibt jedoch auch Strände, Parklandschaften, sogar Berge und Wälder, in denen noch Bengalische Tiger leben.

Doch kurz darauf ändert sich schlagartig die Szene: ein Slum und dahinter lange Fabrikgebäude, die wie große Pappschachteln aussehen. Die meisten sind eilig aufgebaute Textilfabriken, denn die ganze Region rund um Dhaka hat sich auf Textilien spezialisiert.

Zu einer dieser Fabriken ist Hassan mit seinen Passagieren unterwegs. Genau gesagt: zu der Fabrik, in der unser Polyestergarn weiterverarbeitet wird. Eine ganze LKW-Ladung wurde aus Chittagong hierher transportiert und in den letzten vier Tagen zu Fleecestoff verarbeitet.

Obwohl es Tag ist und die Halle riesengroß, ist es drinnen dunkel und stickig. Und dazu noch der Lärm: An tausend Stellen knattert und klackt es rhythmisch. Nur wenige Arbeiter laufen zwischen den mechanischen Webmaschinen herum. Die funktionieren im Prinzip genauso wie ein alter handbetriebener Webstuhl: Die Längsfäden sind nebeneinander aufgespannt. Sie werden jeweils abwechselnd nach unten und oben gedrückt, damit das Weberschiffchen mit dem Querfaden durchgeschoben werden kann. In einer industriellen Weberei ist der Webstuhl nur viel größer und das Weberschiffchen wird mit Luft- oder Wasserdruck durch die Lücke geschossen. Das Ganze wird dann mit einer Art Kamm festgezurrt – aber so, dass zwischen den Längsfäden kleine Schlingen bleiben.

Diese Schlingen werden in einem weiteren Arbeitsgang aufgeschnitten – wie bei einem Florteppich entstehen viele kleine abstehende Borsten. Die werden noch einmal von einer Art Harke aufgeraut. So wird der Fleece flauschig weich, und es bilden sich zwischen den Fäden viele Luftkammern, die später die Körperwärme isolieren. Zum Schluss wird die lange Bahn von Fleecestoff zu einem 40 Kilogramm schweren Ballen aufgerollt.

Nach einer Dreiviertelstunde Fahrt setzt Hassan seine Bideshi bei der Weberei ab. Eigentlich könnte er nun den vierfachen, fünffachen Fahrpreis des sonst Üblichen fordern. Aber um die Bezahlung kümmert sich die Torwache – und die kennt den Preis auf den Taka genau. Pech! Zum Glück aber wird die Enttäuschung sofort abgemildert. Hassan bekommt gleich einen neuen Auftrag: einen Transport von Fleeceballen. Die ganze Kabine und der Dachgepäckträger werden von vier Arbeitern beladen und das Gefährt ächzt unter dem Gewicht.

Während Hassan und der Torwächter bei der Beladung zuschauen, fährt der Textilfabrikant durch das Werktor – mit einem nagelneuen Mercedes. Der Torwächter schaut ihm nach und sagt zu Hassan: »Gut geht es in unserem Land doch nur Fabrikbesitzern, Politikern und Generälen. Für alle anderen gibt es keine guten Jobs. Warum lässt Allah das zu?«

Hassan nickt nur kurz und steigt in sein Tuck-Tuck. Er will dem Torwächter nicht widersprechen, doch er weiß: Die schlechten Jobs sind nicht alle gleich schlecht. Torwächter zum Beispiel – denkt er – ist ein guter schlechter Job. Nicht viel Geld, aber dafür muss man nur den ganzen Tag herumstehen, Tee trinken, mit Leuten schwatzen und die Arbeiter schikanieren. Zu einem wirklich miesen Job dagegen macht er sich jetzt auf den Weg: zu den Färbern. Er startet sein Gefährt und gibt Gas.

Auch die Strecke, die dort hinführt, ist nicht besonders einladend. Es geht an Slums und baufälligen Fabriken vorbei – alle Gebäude haben unter dem schweren Monsunregen gelitten. Ganze Ebenen sind noch überflutet und genauso die massenhaften Schlaglöcher der Straße.

Durchgeschüttelt liefert Hassan die Ballen in der Färberei ab. Ein Wächter passt auf, dass Hassan nicht herumläuft und zu viel sieht. Dabei muss man sich ja nur den Flussarm hinter der Fabrik anschauen: Einmal schimmert er rot, einen anderen Tag blau oder grün – je nachdem, welche Farbreste die Fabrik im Schutz der Dunkelheit abgeleitet hat. Das ganze Wasser hier in der Umgebung ist vergiftet. Menschen, die sich darin waschen, werden krank. Ihr Trinkwasser beziehen die Menschen zwar aus Brunnen, doch während der Monsunzeit werden diese von den Flüssen überflutet.

Hassan weiß auch, was in den großen klapprigen Hallen passiert. Ein Mann aus seinem Viertel hat es ihm erzählt. Dort befinden sich viele Bottiche – so groß wie kleine Schwimmbäder. Sie sind gefüllt mit Laugen, giftigen Säuren und allen möglichen Farben. Dort werden die Stoffe erst gebleicht, bis sie richtig weiß sind. Damit die eigentlichen Farben später schön leuchten.

Die meisten Stoffbahnen werden zwar von großen Maschinen abgewickelt und durch die Farbbottiche gezogen. Doch die Arbeiter – größtenteils sind es Jungen – müssen immer wieder mit den bloßen Armen in die Bottiche greifen, um Störungen zu beseitigen. Und immer wieder klettern sie in die Becken und stampfen die Stoffe mit ihren Füßen in die giftige Brühe. Nach dem Färben hängen die Stoffbahnen zum Trocknen auf Wäscheleinen, die Hunderte von Metern lang sind.

Die Fleecestoff-Bahnen bekommen anschließend noch eine Sonderbehandlung: Sie werden durch einen Bottich mit Lösungsmittel gezogen – dieser Überzug sorgt dafür, dass sich auf dem Fleecestoff später keine Knötchen bilden.

15. September 2005, 7.45 Uhr. Hassan steht mit seinem Tuck-Tuck wieder vor den Toren der Färberei. Vier große und ein kleiner Ballen Fleece werden in sein Tuck-Tuck gestopft. Der kleine Ballen ist knallrot. Bis zum Dach beladen, knattert das Tuck-Tuck durchs Werktor hinaus und schlägt den Weg zur Textilfabrik Garni International ein.

Zur gleichen Zeit warten dort bereits ein paar Hundert Näherinnen. Nur zehn Minuten wird das Tor von den Wächtern aufgeschlossen. Für manche Näherinnen ist es gar nicht so einfach, pünktlich zu sein, denn sie besitzen keine eigene Uhr. Und auch am Straßenrand stehen keine.

Kurz vor halb neun erreicht Hassan die Textilfabrik. Dort wird ihm das Fabriktor geöffnet und er fährt hindurch. Als das Tor wieder geschlossen wird, schlüpft im letzten Moment noch eine zierliche Arbeiterin hindurch. Es ist die 17-jährige Taslima, die sofort ins Fabrikgebäude läuft und die Treppe zu ihrem Stock erklimmt. Ein Wächter ruft ihr hinterher: »Elende Kröte! Das nächste Mal knalle ich dir das Tor in dein Gesicht!« So läuft das hier: Die jungen Näherinnen – alle zwischen 16 und 30 Jahre alt – werden nicht gerade freundlich behandelt.

Taslima betritt im zweiten Stock ihre Halle, in der über achtzig Nähmaschinen in zwei langen Reihen stehen. Mittendrin lässt sie sich an ihrem Arbeitsplatz nieder. Hier wird sie die nächsten elf bis zwölf Stunden sitzen und nichts anderes tun als zu nähen. Hinter ihr türmen sich schon die zugeschnittenen Fleeceteile: Ihre Abteilung arbeitet seit zwei Tagen an einem Riesenposten von Fleecewesten.

Sie nimmt eine Rückseite, steckt eine rechte Vorderseite fest, in der schon eine Tasche eingesetzt ist. Tack, tack, tack, tack – schon hat sie die erste Naht am Schulterteil ausgeführt, dann kommt die erste Seitennaht. Tack, tack, tack, tack. Und nun die linke Vorderseite …

Taslima ist froh, an einer Maschine sitzen zu dürfen. Das erste halbe Jahr war sie Helferin, musste fünf

Näherinnen zur Hand gehen und bekam nur den halben Lohn einer Näherin. Doch sie hat schnell gelernt, und als dann eine Näherin von ihrer Gruppe wegblieb – schwups, saß sie an deren Nähtisch.

Tack, tack, tack, tack. Geschickt setzt Taslima den Kragen ein und näht ihn an. Die Ärmel fasst sie mit einem Schrägband ein, der untere Rand der Weste wird umgenäht und zum Schluss der Reißverschluss eingesetzt. Die erste von unzähligen Westen, die sie heute nähen wird, ist fertig. Und niemand hat sie dafür angeschnauzt, dass sie zu spät kam. Oder – noch schlimmer – mit Lohnabzug gedroht.

Die Halle ist überfüllt, schlecht beleuchtet und kaum belüftet. Da die Monsunzeit gerade zu Ende geht, steht überall Wasser. Es riecht modrig und ist furchtbar schwül. Man schwitzt schon vom Atmen, aber wenn man flott arbeitet, fließt der Schweiß einfach in kleinen Bächen am Körper herunter.

Spätestens bei dem zweiten oder dritten Kleidungsstück, das sie näht, arbeiten Taslimas Hände automatisch. In Gedanken entflieht sie dieser dunklen, stickigen Halle und kehrt zu ihrer Familie zurück. Die wohnt draußen auf dem Land, drei Stunden Fahrt mit dem Kleinbus entfernt. Nur alle zwei, drei Monate bekommt sie ein paar Tage frei und kann dorthin fahren. Sie sieht die ganze Nachbarschaft vor sich, im Haus des Onkels versammelt – zwanzig bis dreißig Menschen hocken dann vor dem einzigen Fernsehgerät im Dorf. In Bangladesch kommen nur sechs Fernseher auf

100 Einwohner, auf dem Land sind es noch weniger. Also schaut man zusammen – Fernsehen ist ein gesellschaftliches Ereignis.

Allerdings bestehen drei Viertel der Sendezeit der privaten Sender ausschließlich aus Werbung. Schon verrückt: so viel Werbung in einem Land, wo mehr als die Hälfte der Menschen von weniger als einem Euro am Tag leben und keines dieser Produkte jemals kaufen werden. Es wird für neue Autos und Handys, für das besonders gute Senföl in der Küche und Kosmetikartikel für Frauen geworben.

Der öffentlich-rechtliche Sender BTV dagegen bietet viel Bildungsprogramm. Hier läuft auch Taslimas Lieblingssendung, die Lieblingssendung aller Mädchen und jungen Frauen in Bangladesch: *Meena* – eine Zeichentrickserie, vergleichbar mit *Heidi*. Die zehnjährige Meena ist ein besonders mutiges Mädchen. Sie geht gern in die Schule, ist schlauer als alle anderen in der Familie und wehrt sich gegen die Unterdrückung von Mädchen: Sie kämpft dagegen, dass schon Minderjährige verheiratet werden, dass Mädchen keine Ausbildung bekommen oder wenn sie krank sind nicht zum Arzt geschickt werden.

Meistens schauen Mädchen und Frauen allein fern. Wenn Männer dabei sind, meckern sie. Ihnen gefallen Sendungen wie *Meena* nicht. Sie wollen, dass die Frauen zu Hause bleiben, ihren Männern blind gehorchen und ihnen ihr Geld aushändigen.

NIEDRIGE LÖHNE, HOHES RISIKO –
TEXTILARBEITERINNEN IN BANGLADESCH

11./12. April 2005. Mitten in der Nacht stürzt in Savar, einem Vorort von Dhaka, eine neunstöckige Textilfabrik ein. Vermutlich war das Gebäude schlampig gebaut worden, denn es stand erst seit einigen Monaten. Die Rettungsmannschaften hatten kein passendes Räumgerät – acht Tage wurde teilweise mit den Händen nach den Verschütteten gesucht. Traurige Bilanz des Unglücks: 61 Tote und mehrere Hundert Verletzte.

Die Opferzahl ist auch deshalb so hoch, weil es in den Fabriken keine Fluchtwege gibt. Die meisten der mittlerweile 6000 Fabriken, die für das Ausland produzieren, erfüllen nicht die gesetzlichen Sicherheitsvorschriften. Der einzige Eingang wird meistens während der Arbeitszeit abgeschlossen, damit niemand sich herein- oder hinausschleichen kann.

Überfüllte Räume, schlechte Beleuchtung, kaum Sicherheitsmaßnahmen. Ist es da ein Wunder, wenn es immer wieder zu großen Unfällen kommt? Seit 1990 starben fast 2000 Arbeiterinnen und Arbeiter in Textilfabriken, etliche Tausend wurden schwer verletzt. Leichte Verletzungen zählt hier niemand.

Rund vier Millionen Menschen arbeiten in der Textilindustrie – 90 Prozent von ihnen sind junge Frauen unter 25 Jahren. Sie müssen bis zu 100 Stunden in der Woche schuften (in Deutschland gilt die 38,5-Stunden-Woche). Der staatliche Mindestlohn wurde 1994 festgelegt: Für eine Helferin gibt es 930 Taka pro Monat (umgerechnet 12,40 Euro), für eine gute

Näherin 1710 Taka (19 Euro), für eine erfahrene Näherin 2100 Taka (23 Euro). Doch schon ein Zimmer für eine Näherin kostet 800 Taka (9 Euro).

Nur durch die vielen Überstunden können die Arbeiterinnen ihre Familien unterstützen. Doch häufig bekommen sie den Lohn für ihre Überstunden nicht oder nur teilweise ausgezahlt. Außerdem werden sie von den Aufpassern schikaniert und geschlagen. Deshalb fordern die Arbeiterinnen, dass man sie fair behandelt. Und sie kämpfen für mehr Mindestlohn, von dem sie und ihre Familien leben können.

Doch die Fabrikbesitzer verweisen auf die verschärfte weltweite Konkurrenzsituation und fordern das Unmögliche: Die Arbeiterinnen sollen bessere Qualität liefern und noch niedrigere Löhne erhalten.

Tack, tack, tack, tack! Auch in der Textilfabrik haben Männer das Sagen. Ohne Erlaubnis der Aufseher dürfen die Näherinnen nicht aufstehen. Ohne Erlaubnis dürfen sie nicht auf die Toilette. Ohne Erlaubnis nicht einmal reden! »Du bist wohl die Tochter eines Hundes!«, dröhnt es durch die Halle. Richtig schikaniert werden sie von den Aufsehern – und heute sind sie besonders wütend. Warum nur?

Tack, tack, tack, tack. Nach Millionen von Nähten – so kommt es Taslima vor – kommt endlich der ersehnte Ruf: »Mittagspause – eine halbe Stunde, keine Sekunde länger!« Die Arbeiterinnen verstreuen sich über das ganze Fabrikgelände und lassen sich in kleinen Gruppen verteilt nieder. Alle essen und reden gleichzeitig. Und so verbreitet sich ein Gerücht von Gruppe zu Gruppe: Der Fleecewesten-Posten muss heute noch fertig werden. Vorher darf das ganze Stockwerk II nicht nach Hause gehen! Auweia, denkt Taslima und schlingt hastig ihr mitgebrachtes Mittagessen hinunter: kalter Reis mit Gemüse. Einen Teil der Pause müssen die Frauen auch noch dafür opfern, dass sie vor den Toiletten Schlange stehen. Denn sie wissen nicht, wann sie das nächste Mal dazu kommen.

Tack, tack, tack, tack … Taslima sitzt wieder an ihrem Platz. In der kurzen Pause hat sie sich kaum erholt. Aber sie ist ja noch jung und steckt voller Energie. Und sie verfolgt einen Plan: Sie möchte auf keinen Fall so werden wie ihre Mutter. Die hat acht Kinder und ist immer zu Hause. Sie kocht für alle und wartet, bis alle satt sind – dann isst sie, was übrig geblieben ist. Bis auf Taslima und ihre Schwester können alle in der Familie nicht lesen und schreiben.

Mithilfe der Verwandtschaft konnten Taslimas Eltern ein kleines Grundstück kaufen, auf dem ihre Hütte steht und die Mutter einen kleinen Gemüsegarten unterhält. Doch wenn die Eltern Landwirtschaft betreiben wollen, müssen sie das Land vom Großgrundbesitzer pachten. Der verlangt dafür die halbe Ernte. Um zu überleben, versucht Taslimas Vater während der Monsunzeit in Dhaka oder Chittagong Arbeit zu finden – Handlangerarbeit.

Nein, Taslima würde es anders machen. Sie würde einen Kleinkredit von der Grameen Bank nehmen. Die Grameen Bank ist eine ganz ungewöhnliche Bank, die es nur in Bangladesch gibt. Sie nimmt ganz wenig Zinsen, und um Geld zu leihen, muss man zwei Bedingungen erfüllen: Die Familie darf kein eigenes Land, Geschäft oder Tuck-Tuck besitzen, und man muss eine Frau sein, um den Kredit zu erhalten. Die Grameen Bank weiß: Frauen trifft die Armut am härtesten, deshalb gehen sie mit dem Geld klüger um. Männer wollen häufig vor den anderen Männern angeben und geben das meiste Geld gleich wieder für sinnlose Dinge aus.

»Was, du willst schon wieder aufs Klo? Um da zu faulenzen!«, dringt die Stimme eines Aufsehers durch den Gang.

Am selben Tag um 20 Uhr. Die normale Arbeitsschicht von zehn bis zwölf Stunden ist vorbei, Taslima kommt

es so vor, als säße sie schon seit mehreren Tagen hinter ihrer Nähmaschine. Doch sie und ihre Kolleginnen dürfen nicht aufhören. Es stimmt also: Der Posten »1000 Fleecewesten für Deutschland« muss bis morgen früh fertig sein!

Tack, tack, tack, tack ... wieder eine Kragennaht! Taslima ist schon lange müde, und ihre Arme sind so kraftlos, als ob gefüllte Wasserkrüge daran hingen. Vor allem aber gelingt es ihr nicht mehr, an schöne Dinge zu denken. Hin und wieder fallen ihr vor Erschöpfung die Augen zu, und dann sieht sie Schlimmes vor sich: Wasser kommt von allen Seiten, dringt durch Türen und Wände, während sie und ihre Familie am Boden liegen und schlafen!

Jedes Jahr wird das Haus der Eltern während des Monsuns von Wassermassen eingeschlossen und von den Wirbelstürmen halb zerstört. Um es schnell wieder

aufbauen zu können, besteht es nur aus Lehmwänden, Stroh, Bambus und Plastikfolien. Doch letztes Jahr war alles anders, viel schlimmer. Die Flut dauerte dieses Mal besonders lange – von Anfang Juli bis Mitte September. Die Flüsse traten über die Ufer und überfluteten erst die tiefer gelegenen Gebiete und dann nach und nach den Rest. Schließlich ragten nur noch die einzelnen Dörfer wie kleine Inseln aus den endlosen Wassermassen. Es gab keine Straßen mehr, es gab keine Arbeit mehr. Nur wer ein Boot hatte, konnte noch woandershin gelangen. Doch noch schlimmer: Überall waren sie von Wasser umgeben – aber es fehlte an gutem, sauberem Trinkwasser. Es war schwierig, das Essen zu kochen. Die Frauen im Dorf teilten sich eine trockene Feuerstelle zum Kochen.

Im August fiel das Wasser nicht wie sonst, sondern es fing noch einmal an zu steigen. Taslimas Familie baute hastig eine kleine Plattform, auf der gerade einmal sie alle und die eigene Kuh Platz hatten. Bis eines Nachts alle wach wurden, weil das Wasser in das Haus eindrang und die Lehmwände zusammenfielen. Schließlich standen Taslima und ihre Geschwister bis zur Hüfte im Wasser. Am Morgen verließ die Familie ihre Hütte und alle wohnten einige Wochen bei Verwandten in der Stadt.

In dieser Zeit konnten sie nur überleben, weil sie einen Kredit aufnahmen. Der war allerdings teuer: Der örtliche Geldverleiher verlangte dafür 20 Prozent Zinsen – nicht im Jahr, sondern im Monat. Noch immer müssen die Eltern mit einem Teil von Taslimas Einkommen den Kredit zurückzahlen ...

Tack, tack ... huch! Taslima schreckt hoch. Beinahe hätte sie sich in die Hand gestochen! Wenn die Frauen müde und erschöpft sind, passieren viele Unfälle mit den Nadeln oder den scharfen Schnittmessern. Das darf ihr nie, nie, nie passieren. Denn erst seit sie die Arbeit in der Textilfabrik hat, hat die Familie endlich ein zuverlässiges Einkommen. Und deshalb würde Taslima auch nie daran denken, die Stelle aufzugeben. Auch wenn sie manches Mal kurz davor ist, vor Erschöpfung zusammenzubrechen. Dann wischt sie sich die Tränen aus den Augen, denkt an ihre Familie und macht weiter.

23.05 Uhr. Seit 16 Stunden sind Taslima und ihre Kolleginnen ununterbrochen am Nähen. Nur die Mittagspause hatten sie heute. Der Stand: 889 Westen sind fertig. Seit mehreren Stunden muss Taslima dringend auf die Toilette. Doch seit 20 Uhr lässt der Aufseher keine Frau mehr hinaus. Stattdessen schimpft er die ganze Zeit: »Ihr Nichtsnutze seid ja lahmer als jede Schnecke.«
Die Ballen mit den beigen, blauen und braunen Fleecestoffen werden immer dünner. Hoffentlich reichen sie – fleht Taslima –, sonst werden wir noch geschlagen. Tack, tack, tack, tack ...

1.10 Uhr. Die Fleecestoffe sind aufgebraucht. Nur noch kleine Fetzen liegen auf den Zuschneidetischen. Der Vorarbeiter schreit die Zuschneider an: »Ihr Hunde. Ihr habt zu große Stücke abgeschnitten! Das werde ich euch alles vom Lohn abziehen!«

Taslima hält das nicht mehr aus. Sie steht auf, läuft durch die Gänge und sucht überall nach brauchbarem Fleecestoff. Was würde Meena, ihre Heldin aus dem Fernsehen, jetzt tun? Dann sieht Taslima an eine Wandnische gelehnt den kleinen Ballen mit knallrotem Fleece. »Hierher! Hier ist noch etwas!« Sie schleift den Ballen aus der Ecke.

»Das ist doch knallrot!«, schimpft ein Zuschneider.

»Ja und? Sicherlich gefällt die Farbe einigen Deutschen!«

»Männer in knallroten Westen?« Der Zuschneider sieht fragend den Aufpasser an. Der zuckt mit den Schultern. »Mir egal! Hauptsache, wir kommen alle bald nach Hause!«

Also nehmen sie einfach den knallroten Fleecestoff. Tack, tack, tack, tack … Im Nu sind elf knallrote Westen entstanden. Kaum hat meine Fleeceweste das Licht der Welt erblickt, wird sie mit anderen Westen in einen Pappkarton gequetscht. Eine schlimme Nacht. Trotzdem würde keine der Näherinnen ihren Job deshalb kündigen …

KAPITEL 6

Im Reich der schwankenden Blechkisten –
auf Containerschiffen nach Europa

16. September 2005. Auf dem Hof der Textilfabrik am
Rande von Dhaka steht seit zwei Wochen ein großer
roter Metallcontainer: Er ist 6 Meter lang, 2,30 Meter
hoch und genauso breit.

Tag für Tag wird er mit Kartons voller Textilien
beladen. Doch es dauert einige Zeit, bis er voll ist.
Schließlich passen mehrere Tausend Kleidungsstücke
hinein: neben den Westen auch große Mengen von
Jacken, Trainings- und Schlafanzügen aus Fleece. Der
Container hat schon einige Beulen abbekommen und
etwas Rost angesetzt. Seit acht Jahren reist er ununterbrochen um die Welt.

Nachdem gegen zehn Uhr drei Kartons mit Fleeceja-
cken in die letzte Lücke des Containers gestopft wurden,
müssen acht Arbeiter gemeinsam die Ladetür zudrücken,
damit die Schließvorrichtung einrasten kann.

Dieses Mal ruft der Textilfabrikant nicht Hassan an,
denn sein Tuck-Tuck ist viel zu klein für den Contai-

ner. Der wird stattdessen auf einen großen, schmutzigen LKW geladen. Auf schlammigen Straßen, in denen der LKW immer wieder leicht wegsackt, geht es zum Hafen von Chittagong. Dort lädt der Fahrer den roten Container ab und es passiert erst einmal mehrere Tage gar nichts. Der Container steht auf dem Hafengelände, während die Monsunregen auf ihn niederprasseln.

So kann es kommen: Die Arbeiterinnen schuften bis zum Umfallen, um den Termin einzuhalten – und eine Stelle weiter bleibt alles tagelang stehen. Wurde der Container etwa vergessen? Nein, einige Zollbeamte denken ständig an ihn. Trotzdem finden sie immer wieder etwas an seinen Abfertigungspapieren, das nicht stimmt. Einmal wurde eine Angabe zum Inhalt nicht genau genug ausgefüllt, am nächsten Tag fehlt ein ganz bestimmter Stempel des Wirtschaftsministeriums.

21. September 2005. Nach fünf Tagen nerviger Telefonate kommt der Besitzer der Textilfabrik persönlich zum Hafen. Erst lässt man ihn eine Stunde warten. Dann erklärt man ihm, es fehle eine Zusatzbescheinigung aus dem Außenministerium. Diese Bestimmung sei ganz neu! Der Fabrikbesitzer hebt die Hände und bittet einen Zollbeamten vor die Tür zu einem Vieraugengespräch. Ein kleiner Umschlag wechselt den Besitzer, der Fabrikbesitzer geht einen Tee trinken, und als er zurückkommt, sind alle Papiere »okay«.

Wichtig ist zu wissen: Bangladesch wird von der Organisation Transparency International als eines der

DER SIEGESZUG DER BLECHKISTE

Vor rund fünfzig Jahren, im Jahr 1956, begann die Container-revolution. Der Amerikaner Malcolm McLean hatte eine Idee: Statt Ladungen Stück für Stück vom Lastwagen aufs Schiff oder den Bahnwaggon umzupacken, sollten sie von Anfang an in mobilen Metallkästen verstaut werden. Diese Einheitskästen ließen sich viel leichter umladen und die Idee setzte sich durch. Ein Standardcontainer – ein TEU (Twenty Foot Equivalent Unit) – ist überall auf der Welt gleich groß: 20 Fuß, also rund 6 Meter lang, 2,30 Meter breit und genauso hoch. Er hat ein Fassungsvermögen von circa 30 Kubikmetern. Heutzutage setzt sich immer mehr der Doppel-TEU durch: Er ist rund 12 Meter lang.

In unserer Zeit haben Container die Welt »erobert« – mehr als die Hälfte aller Güter werden weltweit in Containern transportiert. Es gibt geschätzt etwa 20 Millionen Container. Rund 300 Millionen Bewegungen werden damit jährlich getätigt. Ohne diese Container gäbe es keine Globalisierung – jedenfalls nicht in diesem Tempo. 95 Prozent des Welthandels werden über die Meere abgewickelt. Die Reedereien transportieren Rohstoffe wie Öl und Eisenerze in speziellen Tankern und Frachtern, den Rest – Waren, Einzel- und Fertigteile, ja selbst Müll und Schrott – in Containern.

korruptesten Länder der Welt eingestuft. Das heißt, dass hier kein Beamter auch nur den Arm hebt, wenn er keine finanzielle Entschädigung dafür bekommt:

»Bakschisch« heißt das Zauberwort – es stammt eigentlich aus dem Orient, wird aber in ganz Asien und Afrika verstanden. Bakschisch ist das Schmiermittel, um ausweglose Situationen zu retten.

Dann am 22. September 2005 wird der Container von einem Kranwagen angehoben und zum Dock gefahren. Dort hat das Containerschiff *Dhaka* festgemacht. Die *Dhaka* mit ihrem Platz für 250 Container ist ein sogenanntes »Feederschiff«. Feederschiffe sind die »Postboten« der Containerschifffahrt: kleiner und mit weniger Tiefgang als die großen Containerriesen. Die *Dhaka* kann mit ihren 4,50 Metern Tiefgang die vielen flachen Flüsse an den asiatischen Küsten hochfahren. Selbst bei Niedrigwasser kann sie den Hafen von Chittagong verlassen und den Karnaphuli in die Bucht von Bengalen hinunterfahren.

Die *Dhaka* steuert Richtung Süden und bleibt dabei immer in der Nähe zum Festland. Von der Brücke aus ist ein langes weißes Band an der Küste zu erkennen: Cox Bazar. Über 130 Kilometer zieht sich dieser Sandstrand hin – der längste Strand der Welt. Aber nur wenige Touristen verirren sich hierher. Urlaub in Bangladesch? Nein, beim Stichwort »Bangladesch« haben wir Menschen der westlichen Welt doch gleich die Bilder von Überschwemmungen und ausgehungerten Menschen im Kopf.

25. September 2005. Drei ruhige Tage liegen hinter der Crew: Das Wetter ist schön geblieben, keine Zwischenfälle an Bord, und am Horizont erstreckt sich die immer gleiche Küste, hinter der irgendwo die Grenze von Birma zu Thailand verläuft.

Trotzdem herrscht an Bord keine entspannte Stimmung. Je näher sie der Straße von Malakka kommen, desto unruhiger werden der Kapitän und seine Besatzung. Das ist keine einfache Fahrroute, besonders nicht für kleine und mittelgroße Frachtschiffe wie die *Dhaka*. Denn die Straße von Malakka ist Piratengebiet.

Alle Schiffe, die von Westen (Europa, Afrika, Naher Osten, Indien) nach Osten (China, Philippinen, Japan) wollen, müssen diese Meerenge passieren. Denn die indonesische Inselkette versperrt den Zugang zum Südchinesischen Meer und lässt nur eine rund 1000 Kilometer lange und teilweise nur 25 Kilometer breite Durchfahrt: die Straße von Malakka.

Etwa 50 000 Handelsschiffe passieren diese Meerenge im Jahr und hier ereignen sich 50 Prozent aller weltweiten Piratenüberfälle. Aber gehören Piraten nicht in eine längst vergangene Zeit? Nein, heute kommen sie zwar nicht mehr mit Segelschiffen und Totenkopfflagge, sondern mit unscheinbaren Fischerbooten oder kleinen Schnellbooten. Sie schlagen schnell und brutal zu. Alle an Bord der *Dhaka* schwitzen vor Anspannung – besonders der Kapitän. Der hat nämlich schon einen Piratenüberfall erlebt. Eine kleine Narbe an seiner linken Hand erinnert noch daran. Er hatte die mit Pistolen und Macheten bewaffneten Männer nicht schnell genug zum Tresor des Schiffes geführt. Jedes kleine Boot, das sich ihnen nähert, lässt seinen Puls höher schlagen.

Nach zehn Stunden Anspannung kommt endlich die Erlösung. Mitten in der Nacht öffnet sich vor der *Dhaka* plötzlich eine grelle Theaterkulisse. Wo gerade noch Dunkelheit herrschte, erheben sich nun Hunderte von kleinen und großen Lichtsäulen. Hubschraubergeknatter und endloses Autohupen dringen zum Schiff herüber. Es riecht nach Regen, der auf warmen Straßen verdampft. Das ist unverwechselbar Singapur – der kleine Stadtstaat am äußersten Südzipfel des asiatischen Festlandes.

Als Handelsplatz wurde die Stadt vor 250 Jahren von den Briten gegründet – heute ist Singapur der größte Containerhafen der Welt. Hier kreuzen sich die Achsen des Welthandels: die Route Fernost–Europa, die Route Fernost–Südostasien/Naher Osten und die Route Fernost–Australien. Rund 20 Millionen Container wurden im Jahr 2005 hier umgesetzt und jedes Jahr werden es zwei bis drei Millionen mehr. Das sind rund 63 000 Container am Tag. So etwas geht nur, wenn absolute Ordnung herrscht.

Aber Singapur ist sowieso bekannt als das Land der Ordnung: Es ist verboten, Kaugummi auf die Straße zu spucken, und Raucher dürfen nur in dafür aufgestellten Glaskästen ihrer Sucht nachkommen. Und der Containerhafen von Singapur ist noch einmal ein eigenes

Reich der Ordnung im Land der Ordnung. Und deshalb klappt hier alles wie am Schnürchen: In rund fünf Stunden ist die *Dhaka* entladen.

27. September 2005. Nur rund 21 Stunden steht der Container mit den Fleecewesten zwischen den Hunderten von anderen Containern, dann wird er von dem Verladekran erfasst und in den Bauch eines riesigen Frachters abgelassen. Die *World Star* hat am Dock festgemacht – eines der allerneuesten Containerschiffe: Es ist 312 Meter lang, hat die modernste Technik an Bord und kann rund 8400 Container laden.

Die *Dhaka* hatte nur für einen Zielhafen geladen – das ist einfach. Anders sieht es aus, wenn man 8400 Container an Bord nimmt und im Lauf der Reise zwölf Häfen anläuft, in denen immer wieder Teile dieser Ladung ausgetauscht werden müssen.

Es ist eine Kunst für sich, die Container so zu stapeln, dass sie mit möglichst wenig Bewegungen ent- und zugeladen werden können. Diese Kunst beherrscht in der Zentrale der Reederei der Ingenieur Walter Smith. Der Experte hat am Computer die optimale Stapelung berechnet – wofür er trotz ausgefeilter Software einige Tage gebraucht hat. Mithilfe dieses Planes überwacht nun der Bordingenieur Philipp Connor das Be- und Entladen am Bildschirm seines Computers.

Hier am Computer tragen die Container nicht ihre richtige Farbe, sondern die ihres Zielortes: Rot geht nach Jiddah (Saudi-Arabien), Grün nach Barcelona (Spanien), Gelb nach Southampton (England), Violett nach Rotterdam (Niederlande), Blau nach Hamburg (auch unser Fleece-Container). Mit grauer Farbe sind die leeren Container gekennzeichnet, die gibt es aber fast nur auf der Fahrt von Europa nach Asien. Container mit Gefahrgut erhalten zudem noch eine Extramarkierung und kommen an einen besonders sicheren Ort.

Beim Beladen muss der Bordingenieur außerdem die Gewichtsverteilung im Schiff im Auge behalten, denn das Schiff darf keine Schlagseite bekommen. Befinden sich steuer- oder backbord zu viele Container, stabilisiert er das Schiff, indem er einen Ballasttank auf der Gegenseite mit Wasser auffüllt.

Gut 2000 Container müssen in Singapur ent- und beladen werden. Dazu hat die *World Star* genau zwanzig Stunden Zeit. Zwanzig Stunden – das sind 1200 Minuten. Also darf jede Containerbewegung nur etwas länger als eine halbe Minute dauern.

Die 8023 Container, mit denen das Schiff Singapur verlassen wird, sind in 19 Reihen hintereinander auf dem Schiff gestapelt. Jede Reihe wiederum besteht aus bis zu 25 Stellplätzen. Und auf diesen Stellplätzen werden vom Schiffsbauch bis über Deck 15 bis 17 Container übereinandergestapelt. Ein solcher Stapel kann also bis zu 40 Meter hoch werden – wie ein neunstö-

CONTAINERSCHIFFE

Gab es im Jahr 2007 noch rund 3500 Containerschiffe, sind es inzwischen rund 5000 – etliche weitere sind noch in Planung oder Bau. Und das obwohl das Frachtaufkommen wegen der Weltwirtschaftskrise sank.

Heute erreichen Megaschiffe von bis zu 400 Metern Länge ein Fassungsvermögen von 15000 bis 18000 TEUs.

Noch bis in die 1970er-Jahre war Europa führend im Schiffbau. Dann wurde es von Japan abgelöst. Dort ging es schneller und billiger. In den 1990er-Jahren konnten die Koreaner die Japaner überflügeln. Die meisten großen Aufträge für Tanker und Containerschiffe werden heute in den großen koreanischen Werften abgewickelt. Doch schon ist die nächste Runde im Wettbewerb eingeläutet: Mittlerweile setzen die Chinesen alles daran, die Koreaner abzulösen. Deutsche Werften haben sich auf Nischen wie Feederschiffe und Passagierschiffe spezialisiert. Oder sie bauen kombinierte Fähr- und Containerschiffe.

ckiges Haus. Der Fleecewesten-Container verschwindet zwischen seinen Nachbarn auf Stellplatz 12, Reihe 15, vierter Stock.

28. September 2005, 18.30 Uhr. Mit nur einer halben Stunde Verspätung verlässt die *World Star* den Terminal in Singapur. Und sofort beansprucht die Umgebung draußen die ganze Aufmerksamkeit der Crew. Nun geht

es zunächst wieder durch die Straße von Malakka – noch dazu bei Nacht. Doch die Besatzung der *World Star* muss nicht ganz so ängstlich sein wie die Besatzung des Feederschiffs *Dhaka*.

Für Piraten sind die großen Frachtschiffe keine so leichte Beute, denn Schiffe wie die *World Star* sind so hoch wie Häuserblöcke und durchqueren die Meerenge mit 24 bis 25 Knoten Höchstgeschwindigkeit. Trotzdem hat auch die *World Star* eine Schwachstelle: das Achterdeck. Diese offene Terrasse am hinteren Ende des Schiffes liegt viel tiefer als die übrige Bordwand. Eigentlich ist es für die Versorgung im Hafen gedacht, lässt sich aber auch von Piraten leicht entern. Als sich dann gegen zwei Uhr nachts ein kleines, unbekanntes Schiff von hinten verdächtig nähert, gibt Kapitän Neubold »Piratenalarm«. Acht Besatzungsmitglieder laufen aufs Achterdeck und schließen den dicken Wasserschlauch für die Feuerbekämpfung an. Sollten Eindringlinge an

Bord klettern, würden sie mit einem starken Wasserstrahl ins Meer gespritzt. Vielleicht haben die Piraten das geahnt, vielleicht waren es auch nur harmlose Fischer, die sich eine Wettfahrt mit dem Frachter liefern wollten – die *World Star* bleibt verschont.

Tatsache jedoch ist: Jeden Monat werden fünf bis sechs Übergriffe in Südostasien gemeldet. Wenn es den Piraten gelingt, ein Schiff von 200 bis 300 Meter Länge zu überrumpeln, dann haben sie eine fette Beute. Manchmal begnügen sie sich damit, die Besatzung zu fesseln und den Bordtresor auszurauben. Doch immer häufiger wird die Mannschaft verschleppt und die Kidnapper verlangen ein »Lösegeld«. Das Schiff erhält einen anderen Namen und wird in einem Hafen entladen, wo man es nicht so genau mit den Papieren nimmt. Die Liste mit den Namen der zuletzt gemeldeten »Phantomschiffe« hängt warnend im Steuerraum der *World Star*.

30. September 2005. Vor acht Stunden hat das Schiff die Straße von Malakka verlassen und ist in Richtung Westsüdwest abgebogen. Die Piratengefahr ist vorüber, aber nun droht eine andere Gefahr: Langeweile. Denn es geht rund 3000 Kilometer lang nur geradeaus, mitten in den Indischen Ozean. Und dann nach einer Kursänderung steuert die *World Star* das Rote Meer an.

Ein guter Zeitpunkt für lange Erklärungen. Denn wenn Kapitän Neubold erklären soll, für welche Nation sein Schiff eigentlich fährt, dann holt er erst einmal tief Luft. Die Antwort lautet nämlich: Die *World Star* gehört einer deutschen Reederei und fährt für einen norwegischen Konzern, dessen Chef ein Österreicher ist und in der Firmenzentrale in Hongkong sitzt. Sie läuft zurzeit unter der Flagge von Panama, ihr Kapitän ist ein Deutscher, der Bordingenieur ein Brite und der Rest der Mannschaft stammt von den Philippinen. Die *World Star* wurde an der Daewoo-Werft in Südkorea gebaut und hat momentan Güter aus China, Indien, Thailand, Bangladesch, aber auch aus Australien geladen für die Märkte in Saudi-Arabien und Ägypten, Spanien, England, Niederlande, Deutschland und den ganzen Ostseeraum.

5. Oktober 2005. Mit zwei Stunden Verspätung hat die *World Star* Jiddah, den Containerhafen von Saudi-Arabien, verlassen. 8400 Container kann das Schiff an Bord nehmen, im Augenblick sind es 7923 – 100 wurden in Jiddah »gelöscht«, wie es in der Seemannssprache

LOGISTIK IM ZEITALTER DER GLOBALISIERUNG

Die Fleeceweste und ihre Rohstoffe haben bis zu ihrem Bestimmungsort Hamburg gerade einmal rund 25 000 Kilometer zurückgelegt – das ist vergleichsweise wenig. Die Einzelteile einer Thermoskanne zum Beispiel können bis zu dreimal um die Welt reisen, bis die fertige Kanne ihren Käufer gefunden hat.

Ständig fragen sich Experten in den großen Unternehmen: Was lässt sich am Produktionsprozess noch weiter zergliedern und preisgünstiger aufteilen? Wo gibt es die günstigsten Rohstoffe und Fertigungsteile? Wo sind die Arbeitskräfte für mein Produkt billiger?

Doch die globalisierte Produktion steht und fällt mit den Transportkosten. Dank der Containerschifffahrt sind sie zurzeit so niedrig, dass sie eigentlich keine Rolle spielen. Wie viel kostet es beispielsweise, eine Flasche Wein von Australien nach Europa zu transportieren? Für einen Container auf der Strecke Asien–Europa muss man höchstens 1000 Euro zahlen. In einen solchen Container passen 999 Kisten Wein mit je sechs Flaschen hinein – das heißt: Pro Weinflasche sind das gerade einmal 16 Cent. Eine Fleeceweste von Asien nach Europa zu befördern, kostete sogar noch weniger: nur rund 5 bis 10 Cent – es kommt darauf an, wie dicht der Container beladen werden kann.

Doch wenn das Öl in den nächsten Jahren immer knapper wird, dann steigen die Preise für den Transport. Keiner weiß, wie lange es sich daher noch lohnt, die Einzelteile einer Thermoskanne dreimal um die Welt zu schicken.

heißt. Hintereinander aufgestellt, würden sie eine knapp 48 Kilometer lange Reihe bilden – das ist die Strecke von Düsseldorf nach Köln.

So langweilig Containerschiffe von außen aussehen mögen, in den gelben, blauen und roten Metallkisten, die sie transportieren, werden mittlerweile mehr als die Hälfte aller Waren des Welthandels transportiert: Von australischem Wein für Europa über alle Arten von Elektrogeräten bis zu Tonnen von Textilien für den europäischen Markt. Immer häufiger sind aber auch Container von großen Umzugsunternehmen dabei. Sie gehören Menschen, die ihren Arbeitsplatz und ihr ganzes Leben von Europa nach Asien oder umgekehrt verlagern.

Was für Güter sie genau befördern, kann die Besatzung der *World Star* anhand der Ladeliste nur ahnen. Aber eigentlich sind ihnen die 7923 Passagiere auch gleichgültig – solange sie sich ruhig verhalten. Doch was ist mit Container C 53-786-23-894 in der Reihe 4, fünfter Stock los? Eine rote Flüssigkeit läuft aus seinem Inneren und rieselt die anderen Stockwerke herunter. Es sieht aus, als würde er bluten. Laut Ladeliste: Tierfelle, die nach Spanien gehen. Die Besatzung ahnt: Die Felle sind gleich ohne weitere Behandlung in der Schlachterei eingeladen worden. Der Geruch, der sich in den folgenden Tagen ausbreitet, gibt ihnen recht: Es fängt fürchterlich an zu stinken.

Die Waren lagern in den bunten kleinen Containern, die Besatzung dagegen lebt in dem hohen weißen Deckhaus am Schiffsheck. Ganz oben auf Deck A befinden sich die Brücke und der Kontrollraum – das Gehirn des Schiffes. Deck B ist den Bäuchen der Matrosen vorbehalten: Hier sind die Kombüse und der Speisesaal untergebracht. Auf Deck C befinden sich weitere Gemeinschaftsräume wie ein Fernsehzimmer und der Fitnessraum. Auf Deck D bis G liegen die Privaträume der Mannschaft und des Kapitäns. Darunter erstrecken sich die Maschinenräume: Generatoren, die den Strom für die komplexe Technik des Schiffes liefern, und der Schiffsmotor, der so hoch ist wie ein sechsstöckiges Haus. Er liefert 93 000 PS – das würde für 700 PKWs reichen.

Mit diesem gewaltigen Motor verfügt das Schiff über einige Kraftreserven. Die braucht es auch, weil es seine Reise einmal um den halben Globus wie ein Linienbus absolviert – genau nach Fahrplan. In den Häfen müssen die Andockstellen für die entsprechenden Zeiten gebucht und bezahlt werden. Und deshalb lassen sich Verspätungen nur draußen auf See wieder wettmachen, wenn der Frachtkoloss mit 26 Knoten das Meer durchpflügt.

Besonders wichtig ist die Pünktlichkeit für den nächsten Streckenabschnitt: die Durchfahrt durch den Suezkanal. Der Kanal wurde vor rund 150 Jahren genau dort in den Wüstensand gegraben, wo sich Mittelmeer und Rotes Meer am nächsten kommen. Er ist 195 Kilometer lang und seine Breite wurde von anfänglich 52 auf mittlerweile 365 Meter vergrößert. Trotzdem: Die großen Containerschiffe und Tanker sind heute so breit und tief, dass der Kanal immer nur in einer Richtung befahren werden kann.

Die Schiffe starten deshalb abwechselnd im Konvoi. Wer seinen Konvoi verpasst, der bleibt für mindestens zwei Tage liegen, bis die Schiffe aus der Gegenrichtung den Kanal durchquert haben! Doch die *World Star* hat Glück. Sie hat freie Fahrt durch das Rote Meer und erreicht gerade noch ihren Konvoi.

10. Oktober 2005. In der Nacht läuft die *World Star* den spanischen Hafen Algeciras in der Nähe von Gibraltar an. Fünf Stunden Liegezeit sind anberaumt, um die 300 Container zu entladen. Nur zehn neue werden aufgenommen. Doch selbst wenn sie mehr Zeit zur Verfügung hätten, würde niemand von Bord gehen. Der Kapitän und seine Offiziere müssen das Entladen bewachen und der Mannschaft ist es in Spanien bei Nacht einfach zu teuer. In ein Taxi steigen und ein paar Biere in einer Bar trinken, das würde gleich ein empfindliches Loch in ihren Geldbeutel reißen. Zu Hause hängt die ganze Großfamilie von ihrem Einkommen ab (1000 bis 1200 Euro im Monat).

Schon merkwürdig: Die Schiffsbesatzung reist ständig um die Welt, ohne dabei viel von ihr zu sehen. Die Häfen, die sie ansteuern, sehen irgendwie alle gleich aus. Der einzige Lichtblick: Alle sechs Monate genehmigt ihnen die Reederei einen Flug nach Hause und ein paar Tage Urlaub. Alle sechs Monate Frau, Kinder und Eltern sehen. Der Kapitän und die Offiziere haben es etwas besser: Sie bekommen schon nach drei Monaten Heimaturlaub.

12. Oktober 2005. Nachdem die *World Star* durch die Meerenge von Gibraltar und entlang der Iberischen Halbinsel gefahren ist, durchquert sie nun die Biskaya Richtung Ärmelkanal. Eine Schreckensmeldung kommt aus der Kombüse. Der philippinische Koch Juan hat entdeckt, dass sie nur noch zwei Mahlzeiten Grünkohl an Bord haben. Grünkohl mit Bauchfleisch und Mettwürsten ist das Lieblingsessen an Bord. Gutes Essen und gemeinsame Mahlzeiten – darauf legt der Kapitän großen Wert. Nur so kann ein guter Teamgeist entstehen. Immerhin sollen die 22 Menschen an Bord diesen technisch hochgerüsteten Stahlkoloss im Griff behalten. Auch die Container haben sich bisher gut vertragen – bisher. Denn für die nächsten Stunden ist ein schwerer Sturm angesagt.

In der Biskaya geraten sie in einen der ersten schweren Herbststürme. Nun muss der Kapitän entscheiden, ob sie ausweichen oder gar in einer Hafenstadt Zuflucht suchen sollen. Seine Weisung lautet: Bis zu Stürmen der Stärke 11 soll das Schiff Kurs halten. Und so steuert der Koloss mitten hinein in die dicke Suppe.

Während sich die *World Star* durch die schwere See pflügt, erwachen die Container aus ihrer Starre. Sie bilden einen Chor aus kreischendem Metall, wenn das

Schiff in Schieflage gerät. Doch nicht alle singen gleich stark mit. Container D 42-523-46-743 scheint seinen Nachbar-Container M 53-987-12-853 nicht zu mögen. Er rückt immer weiter von ihm ab. Besorgt messen die Matrosen den Abstand. Außerdem wächst im Sturm die Gefahr, dass die Kühlcontainer ihre Verbindung zum Stromnetz verlieren und dann ihr Inhalt auftaut. Alle halbe Stunde geht eine Streife los und guckt, ob es die Container nicht zu toll treiben. Die Rechnung geht schließlich auf: Nach sieben Stunden auf und nieder beruhigt sich das Wetter, die *World Star* übersteht den Sturm ohne Schäden und ohne Zeitverlust.

Bestand also keine Gefahr? Doch, die besteht immer bei schweren Stürmen. Im Durchschnitt gehen jede Woche zwei Handelsschiffe auf den Weltmeeren wegen schlechter Wetterbedingungen unter. Manchmal werden die Schiffe von Monsterwellen, Wellen mit über 20 Metern Höhe, einfach überrollt.

Die *World Star* passiert den Ärmelkanal und erreicht die Nordsee. Der Kapitän steht draußen und schnuppert. Ja, so riecht die Heimat, nirgendwo sonst auf den Weltmeeren ist so viel Jod in der Luft.

Am Schluss dieses Reiseabschnitts wird es allerdings noch einmal richtig eng. Sie müssen mit ihrem dicken Pott die Elbe hinauf und hoffen, dass es keinen Stau gibt. Einen Containerschiff-Stau!

15. Oktober 2005. Langsam, aber stetig ist die *World Star* die Elbe hochgefahren. Die 110 Kilometer bis zum

Hamburger Hafen können Schiffe mit so großem Tiefgang wie die *World Star* nur zurücklegen, wenn die Flut die Wassermassen der Nordsee in den Fluss zurückdrückt. Bei Ebbe gibt es an der unteren Elbe Stellen mit nur 13 Metern Tiefe – da würden sie glatt auflaufen.

Dann die Nachricht, die der Kapitän so fürchtet: Ihr Liegeplatz ist noch besetzt. Wie lange werden sie warten müssen? Zwei, drei … fünf Stunden? Immer häufiger gibt es diese Engpässe. Weil andere zu langsam sind, haben sie das Nachsehen. Seine Reederei und viele Kollegen geben den Häfen die Schuld: »Es wird zu langsam gearbeitet.«

Doch Kapitän Neubold ist ein alter Fuchs. Er weiß: Es liegt an dem ganzen verrückten System. Die Reeder lassen immer größere Schiffe bauen. Letztes Jahr, als seine *World Star* vom Stapel lief, war sie mit 8400 Containern eines der größten Containerschiffe überhaupt. Eigentlich ist sie schon zu groß für Häfen wie Hamburg, die enge Zufahrtswege haben. Doch nun haben die Reedereien noch größere Schiffe in Auftrag gegeben. Sie sollen bis 15 000 oder 18 000 Container fassen. So wird mehr Geld verdient: Die Reederei kann die Frachtgebühren senken und damit die Konkurrenz unterbieten. Trotzdem verdient sie mehr an einem solch großen Schiff.

»Wo wird das enden?«, fragt sich der Kapitän und schaut auf die Elbe hinaus, wo gerade ein Schwarm Kraniche vorbeifliegt.

KAPITEL 7

Vom Ladenhüter zum Talisman – ein Sonderposten wird zum Glücksbringer

18. Oktober 2005. Containerhafen Hamburg-Altenwerder. Mit einem Ruck wird unser weißer Container von dem großen Brückenkran angehoben und schwebt über die Reihen parkender Container hinweg.

Nach nur zwölf Stunden Zwischenstopp im drittgrößten Hafen Europas wird die Fracht aus Bangladesch auf einen LKW verladen. Der muss beim Verlassen des Hafenareals die Zollstelle passieren. Dort sind die Container-Daten über das Internet schon eingetroffen, noch bevor die *World Star* überhaupt an der Kaimauer festgemacht hat. Die Frachtpapiere informieren über den genauen Inhalt der Container.

Doch ob die Angaben korrekt sind, können die Zollbeamten nur stichprobenweise überprüfen. Sonst käme der ganze Welthandel in Verzug. Sie verlassen sich auf ihre Erfahrung. Und um nicht jeden Container öffnen und in ihn hineinkriechen zu müssen, verfügt der Zoll über eine neue Technik. Die Container werden von einem sehr großen und starken Röntgengerät durchleuchtet. Auf dem Bildschirm entsteht ein farbiges Bild: Konturen der einzelnen Gegenstände. Wie gut die Röntgenstrahlen durch die einzelnen Objekte gehen, spiegelt sich in den Farben wider.

Die Zollbeamten wissen genau, wie die einzelnen Waren auszusehen haben: Sind wirklich nur Pappkartons mit Textilien in dem Container? Oder tauchen mittendrin anders geformte und gefärbte Gegenstände auf? Die andere Farbe zeigt, dass es sich um andere Materialien handelt. So finden die Zöllner Schmuggelware wie Drogen oder sogar Menschen, die in Containern eingeschleust werden sollen.

Der Zoll muss aber auch darüber wachen, dass Einfuhrbeschränkungen eingehalten werden. Als 2005 das Welttextilabkommen endete, überschwemmte vor allem China den europäischen Markt mit T-Shirts, Socken und Pullovern. Die Europäische Union legte daraufhin eine Höchstgrenze für die Einfuhr dieser Güter aus China fest. Die Zollbehörde muss nun über deren Einhaltung wachen.

Hinzu kommt seit einigen Jahren die sogenannte Produktpiraterie: Anfangs stellte China nur irgendwelche billigen Produkte her – heute sind es häufig nachgemachte Markenprodukte. Adidas-Turnschuhe zum Beispiel werden einfach bis ins kleinste Detail kopiert. Das sehen die eigentlichen Markenfirmen überhaupt nicht gern. Doch in China selbst können sie wenig dagegen tun, solange die Regierung dort beide Augen

JEDER GEGEN JEDEN – DAS ENDE
DES WELTTEXTILABKOMMENS

Das Welttextilabkommen hatten die reichen Industrieländer 1974 beschlossen. Um die einheimischen Textilfirmen zu
schützen, wurde die Einfuhr von Kleidung aus Billiglohnlän-
dern (Osteuropa, Indien, China) auf eine bestimmte Menge
beschränkt. Ausgenommen von dieser Beschränkung wurden
jedoch die ärmsten Länder der Welt wie Bangladesch.

Doch die betroffenen Länder wehrten sich dagegen, und die
Industrieländer, die ja selber ihre Maschinen, Fahrzeuge und teu-
ren Konsumgüter nach Asien ausführen, gaben 1995 klein bei.

Das Welttextilabkommen lief Ende 2004 aus, und prompt
überschwemmte China die Märkte in Europa und den USA
mit T-Shirts, Hosen, Sportschuhen und ähnlichen Artikeln.
Zur gleichen Zeit sank in Bangladesch die Ausfuhr von Textilien um rund 25 Prozent.

Wo die Textilien zum »Schnäppchen-Preis« herkommen,
darüber informiert das Aktionsbündnis »Saubere Kleidung«
unter *www.saubereleidung.de.*

zudrückt. Aber der Zoll in Europa und den USA ist
mittlerweile alarmiert, er beschlagnahmt und vernich-
tet diese »Schummelware«.

Doch in unserem Container entdecken die Zollbeamten nichts Auffälliges und lassen den LKW passieren. Der fährt durch das Eingangstor, direkt auf die
Autobahnauffahrt der A7 und weiter auf die A1. Gut,

denkt der Fahrer, dass er während der morgendlichen Rushhour nicht durch die Hamburger City muss …

19. Oktober 2005. Im Verteilerzentrum des W-Warenhauses an der A2 in der Nähe von Gütersloh. Ab acht Uhr morgens wird der Container, den der LKW vergangenen Abend direkt an der Laderampe des Verteilerzentrums abgestellt hat, von zwei Hilfskräften entladen. Sieben Stunden laufen sie hin und her und stapeln die Textilien auf Holzpaletten und in fahrbaren Warenboxen. Immer wieder taucht jemand von der Einkaufsabteilung mit einer langen Liste auf. Er zählt ein bisschen hier und ein bisschen dort, hakt seine Listen ab und verschwindet wieder. In den Lagerräumen des Verteilerzentrums erhalten die Waren ihre Preisetiketten. Die Fleecewesten werden mit 9,95 Euro ausgezeichnet und in niedrige Korbwagen verladen.

Nun sind die beiden Mitarbeiterinnen Erna und Brigitte dabei, die Textilwaren aus Bangladesch für die verschiedenen Filialen aufzuteilen. Dabei reden die beiden Frauen wieder einmal über das leidige Thema: Geld – und warum es nie reicht.

»Wie soll das auch reichen?«, fragt Brigitte ihre Kollegin. »Ich verdiene sechs Euro die Stunde – das heißt: Ich habe einen Monatslohn von nicht ganz 1000 Euro brutto. Davon gehen noch Lohnsteuer, Kranken- und Rentenversicherung ab. Bleiben rund 750 Euro. Davon gehen noch einmal Miete, Strom- und Gaskosten runter. Bleiben mir 350 Euro im Monat.«

»Wem sagst du das!«, stimmt ihre Kollegin zu. »Ich bin seit 15 Jahren hier und kriege gerade mal 1500 brutto. Damit füttere ich drei Leute durch. Aber wenn dich das tröstet: Wir verdienen mehr als meine Freundin. Stell dir vor, Fabienne ist gelernte Friseurin und kriegt bei ihrem Dieter im Salon sogar nur 684 Euro. Wenn ihr die Kunden nicht noch das Trinkgeld zustecken würden …«

Mittlerweile ist alles verteilt – bis auf die roten Fleecewesten.

»Du, Erna, warn da überhaupt rote Herren-Fleecewesten bestellt?«, fragt Brigitte ihre Vorarbeiterin.

»Rote Herren-Fleecewesten? Wer will denn so was?« Sie lachen.

»Also, solln wir reklamieren?«

»Nee, wir machen das so: eine nach Darmstadt, eine nach Dortmund – und zwei in die Filiale Hannover 2 – zack!«

24. Oktober 2005, W-Warenhaus in Hannover-Südstadt. Die Fleecewesten gehen gut. Die neue Ware wurde am Vortag mit dem firmeneigenen LKW angeliefert. Eine Verkäuferin hat sie heute Morgen als Sonderposten auf eine Aktions-Kleiderstange gehängt und diese in den vorderen Kaufhausbereich geschoben. Keine halbe Stunde später war die erste Weste verkauft …

Die braunen in den Größen M und L sind als erste

weg, dann folgen die beigefarbenen. Schließlich werden die letzten blauen in Größe M verkauft.

Am frühen Abend betrete ich das Kaufhaus, denn ich brauche etwas Warmes und Billiges für mein Arbeitszimmer. Öfters werde ich gefragt: »Was machen Sie denn beruflich?« Dann antworte ich: »Ich bin Journalist und Buchautor.« Das hört sich verdammt gut an – aber freie Autoren gehören auch nicht unbedingt zu den reichen Leuten in unserem Land. Kein Wunder also, dass mir die preiswerten Fleecewesten sofort auffallen – aber es gibt sie nicht mehr in meiner Größe. Andere Schnäppchenjäger waren im richtigen Moment zur Stelle.

Als ich die rote Fleeceweste in Größe M das erste Mal sehe, schiebe ich sie sofort weg. Und auch bei meinem nächsten Besuch im W-Warenhaus werde ich die rote Fleeceweste erst einmal links liegen lassen.

14. November 2005. Nach zwei Wochen Aktionsverkauf sind nur noch wenige Fleecewesten übrig: Übergrößen XL und XXL in Blau und Beige, in den Größen M und L nur noch die knallroten.

An diesem Morgen schaut sich der Filialleiter in seinem Laden um. Die Wintermäntel sind ein echter Renner – nur noch ein paar Übergrößen sind übrig. Nun fallen die letzten Fleecewesten richtig auf.

Wie bestellt und nicht abgeholt, denkt der Filialleiter. Apropos bestellt: Wer gibt so etwas nur in Auftrag? Er geht zu einer seiner Verkäuferinnen: »Setzen

Sie die letzten Fleecewesten herunter – na, sagen wir auf acht Euro.«

Noch am gleichen Tag sehe ich dieses Angebot – und schlage am nächsten Vormittag still und heimlich zu.

12. Januar 2006. Völlig selbstverständlich gleite ich nach dem Frühstück in meine Fleeceweste und gehe in mein Arbeitszimmer.

Das Buch, das ich zum Jahresende abgeschlossen habe, ist noch lange nicht fertig: Ich muss noch die Änderungen einbauen, die der Verlag wünscht. Während ich den Text durcharbeite, streiche ich mit der linken Hand über meine neue Weste. Ich bin ganz zufrieden mit ihr – und wie sie aussieht? Das ist egal, ich habe ja keinen Spiegel in meinem Arbeitszimmer. Nur wenn ich auf die Toilette gehe oder ein Buch aus dem Wohnzimmerregal hole, kann sich meine Freundin eine kleine Stichelei nicht verkneifen. Na ja, alles eine Frage der Gewöhnung. In zwei, drei Wochen wird sich das legen …

24. Juni 2006. In diesem Sommer ist die Welt zu Gast in Deutschland: Fußball-WM. Die Fußballfans aus Afrika und Südamerika staunen, wie sauber hier alles ist und wie pünktlich die Züge und Busse bei uns fahren. Alles feiert friedlich miteinander und die Spiele verlaufen im Großen und Ganzen recht fair. Für mich ist dieses große Fest eine echte Herausforderung. Ich bin nämlich mitten in der Arbeit an einem neuen Buch. Doch

gleichzeitig möchte ich möglichst viel von der WM mitbekommen.

Übrigens hängt die Weste mittlerweile über der Rückenlehne meines Bürostuhls. Bei der WM trage ich einen anderen Talisman: mein gelb-schwarzes Trikot vom BVB Dortmund, das ich als Jugendlicher geschenkt bekommen habe.

Heute spielt Deutschland gegen Schweden. Deshalb steht rechts neben dem PC ein kleiner Schwarz-Weiß-Fernseher. Leider ist der Ball nur sehr schwer darauf zu erkennen. Und das wird mir heute beim Spiel gegen Schweden zum Verhängnis. Ich sitze vor Computer und Mini-Fernseher – und versuche, beides im Blick zu behalten. Und dann passiert es: Deutschland greift an – ich sehe aber nicht, ob Schweinsteiger oder Klose den Ball hat – der Angreifer schießt – ich glaube, der Ball ist drin – ich springe hoch, und meine Arme reißen eine Rotweinflasche um, die hinter mir noch vom Vorabend im Regal steht. Der Weinrest landet auf meiner Weste – und ein Tor haben die Deutschen auch nicht geschossen!

So kommt der große Fleck auf meine Weste. Es gelingt mir nicht, ihn rauszuwaschen, und ich hänge die Weste erst einmal in den Kleiderschrank. Irgendwohin, wo gerade Platz ist.

28. September 2006. Die Arbeit ist in den letzten Wochen nicht so schnell vorangegangen, wie ich gedacht habe. Immer wieder lasse ich mich von allem

Möglichen ablenken. Warum komme ich nicht richtig voran? Und seit wann ist das so? Auf die zweite Frage kann ich eine exakte Antwort geben: Genau seit dem Tag, als ich die Weste weggehängt habe! Ich bin nicht abergläubisch, trotzdem habe ich meine Weste heute Morgen aus dem Kleiderschrank geholt. Einen Versuch ist es immerhin wert. Und prompt läuft es besser von der Hand. Bis zum Abend habe ich annähernd ein halbes Kapitel im Computer.

Und nebenbei fällt mir auch noch ein neues Projekt ein: ein Buch über Globalisierung, nicht für Erwachsene, sondern für Kinder und Jugendliche. Das mit der Weste ist ja vielleicht nur Einbildung. Aber eine sehr wirksame Einbildung.

15. April 2007. Tata! Auf dem PC: eine Zusage vom Verlag. Sie wollen mein Globalisierungsbuch.

Ich nehme ein Blatt Papier und schreibe die Frage auf: Was heißt Globalisierung konkret? Woran wir bei Globalisierung als Erstes denken, weiß ja inzwischen jeder: Viele Arbeitsplätze wandern dorthin, wo sie billiger sind. Erst nach Osteuropa, dann weiter in den Fernen Osten. Auch führt der Welthandel zu keiner gerechten Verteilung der Gewinne, sondern zu mehr Verkehr und größeren Umweltbelastungen.

Doch neben diesen Nachteilen hat Globalisierung auch Vorteile: Sie bringt viele neue Jobs – gerade auch in bisher unterentwickelten Regionen. Gleichzeitig profitieren wir auch als Konsumenten davon: Viele Waren werden durch die weltweite Konkurrenz immer billiger. Ideen, Gelder, Waren und Menschen bewegen sich um den Globus … Schwer zu sagen, was davon sinnvoll ist und was nicht.

16. Mai 2007. Jeder Arbeitstag beginnt mit einem Ritual. Ich bereite das Frühstück vor und lege den Text daneben, mit dem ich am Vortag aufgehört habe. Dann schlüpfe ich in die Weste. Meistens fällt mir schon während des Essens eine gute Fortsetzung ein.

Auch die Vorbereitungen für die Globalisierungsgeschichte laufen gut. Fußballweltmeister sind wir im letzten Jahr zwar nicht geworden, doch ich habe entdeckt: Nicht nur im Maschinenbau, sondern auf vielen unbekannten Gebieten ist unsere Wirtschaft unschlagbar. Woher kommen zum Beispiel all die Knöpfe der Textilien, die in China und Bangladesch produziert werden? Zum größten Teil aus Bielefeld. Denn die Deutsche Knopf-Union ist in dieser Sparte Weltmarktführer. »Versteckte Champions« hat der Wirtschaftsprofessor Hermann Simon diese Unternehmen genannt. Versteckt sind sie aus zwei Gründen: Es sind meistens keine internationalen Konzerne, sondern mittelständische Unternehmen mit einigen Hundert Mitarbeitern. Die tauchen so gut wie nie in den Medien auf.

Und sie sind häufig in Sparten tätig, die uns im Allgemeinen nicht so interessieren: Wer baut die meisten Zigarettenmaschinen auf der Welt? Die Körber AG in Hamburg. Wer baut 80 Prozent der Brückenkräne wie

DEUTSCHLAND – GLOBALISIERUNGSGEWINNER
ODER -VERLIERER?

Deutschland ist Globalisierungsgewinner und -verlierer gleichzeitig. Wie geht denn das?

Tatsächlich fielen in Deutschland in den letzten 30 Jahren viele Arbeitsplätze weg. Vor allem in der Kohle- und Stahlindustrie, aber auch in der sogenannten Fertigung. Dazu gehören beispielsweise Fabriken, in denen Elektrogeräte hergestellt, und Fabriken, in denen Textilien genäht werden.

Deshalb griffen die Unternehmer hart durch: Mit dem Hinweis auf die internationale Konkurrenz wurden Arbeitsplätze abgebaut und die Löhne entweder eingefroren oder gekürzt.

Mittlerweile ist die Abwanderung der Arbeitsplätze weitgehend gestoppt. Deutschland gilt wieder als attraktiver Standort: Hier arbeitet man vor allem zuverlässig.

Im Prinzip sind die Deutschen reich. Sie besitzen zusammen rund 5 Billionen Euro Vermögen oder, um diese Zahl zu begreifen: 5 Millionen mal eine Million Euro. Das sind rund 60 000 Euro für jeden von uns – wenn der Besitz gleichmäßig verteilt wäre.

Tatsächlich jedoch besitzen 10 Prozent der Bevölkerung 60 Prozent des Vermögens. 40 Prozent der Bevölkerung haben die restlichen 40 Prozent. Und die restlichen 50 Prozent besitzen gar nichts oder haben Schulden.

Wer Geld hat, kann es gut anlegen und an der Globalisierung des Kapitals teilhaben: indem er beispielsweise Anteile

> an einem Unternehmen (Aktien) oder Anteile an einzelnen
> Projekten (ein Windrad oder ein Containerschiff) erwirbt.
> Wer nichts besitzt, muss mit schrumpfenden Löhnen über
> die Runden kommen. Die Globalisierung lässt den Unter-
> schied zwischen Armen und Reichen in unserer Gesellschaft
> immer weiter wie eine Schere auseinanderklappen.
>
> Manche jedoch sind Globalisierungsgewinner und -ver-
> lierer in einer Person. Als Arbeitnehmer müssen sie immer
> mehr schuften und bekommen trotzdem nicht mehr Geld.
> Als Geldanleger gehören sie aber zu denen, die an der Glo-
> balisierung verdienen.

die im Hamburger Containerhafen? Die Firma Kirow in Leipzig. Wer liefert die meisten Einkaufswagen? Wanzl aus Leipheim. Und die meisten und größten Windräder kommen von Enercoon in Aurich. 1316 solcher Champions hat der Wirtschaftswissenschaftler bisher ausfindig gemacht – und fast jeden Tag findet er neue.

23. Juli 2007. Seit Juni ist es zu warm, um die Weste zu tragen. Also hängt sie immer über der Stuhllehne, wo ich gerade sitze und für mein Globalisierungsbuch recherchiere.

Normalerweise hat die Globalisierung kein Gesicht, denn sie ist ein schleichender Prozess. Doch diesen Sommer ändert sich das: In Heiligendamm an der Ostsee findet der sogenannte G8-Gipfel statt. Die Regierungschefs der acht wichtigsten Staaten der Welt kommen dort zusammen, um ihre politischen und ökonomischen Interessen miteinander abzustimmen. Ihre Länder sind es vor allem, die die Globalisierung vorantreiben.

Aber sie sprechen mit »gespaltener Zunge«. Das sagt auch die WTO (World Trade Organization), die Welthandelsorganisation. Sie wurde von den Vereinten Nationen als neutraler Schiedsrichter der Globalisierung eingerichtet. Und dieser Schiedsrichter muss nun feststellen, dass die reichen Industrieländer ein Doppelspiel treiben. Während sie mit aller Macht versuchen, die Handelsbeschränkungen der armen Länder niederzureißen, errichten sie zum Schutz ihres eigenen Landes genau solche Schranken.

Die USA beispielsweise unterstützen weiter viele ihrer einheimischen Produzenten massiv, zum Beispiel ihre Baumwollfarmer. So können die ihre Baumwolle viel billiger auf dem Weltmarkt anbieten als Farmer aus afrikanischen oder asiatischen Ländern. Gleichzeitig schlagen sie auf drei Viertel der Einfuhren aus Afrika und Asien Zölle auf, um sie gegenüber den einheimischen Produkten zu verteuern. Doch auch die Europäische Union unterstützt viele ihrer Produzenten wie ihre Bauern und Fischer und ebenso einheimische Industrie finanziell.

2. September 2007. Meine Marotte, die Weste immer in Reichweite zu haben, hat unübersehbare Folgen: Nach nur rund eineinhalb Jahren sieht sie schon sehr verschlissen aus. Und sie hat neben dem Rotweinfleck

noch mehr hässliche Stellen bekommen. Mich stört das ja nicht – aber meine Freundin. Wenn sie genervt von der Arbeit kommt, höre ich immer öfter statt einer Begrüßung: »Ich habe dir doch schon tausendmal gesagt: Ich will dich nicht mehr in dieser Schmuddelweste sehen!«

»Warum?«

»Die Flecken gehen selbst beim Waschen nicht mehr raus!«

»Die Flecken stören doch keinen.«

»Wir kaufen dir eine neue. Die kosten heutzutage ja nicht mehr die Welt …«

Das stimmt, immer schneller trennen wir uns von den Dingen: beispielsweise von Haushaltsgeräten, die nicht mehr funktionieren. Reparieren? Ist mindestens genauso teuer wie ein neues Gerät. Handys und Computer sind nach zwei Jahren nicht mehr auf dem Stand der Technik. Und Kleidung, die einen Fleck hat oder etwas zu eng wurde? Wer kann heute noch nähen? Außerdem sieht etwas Geflicktes schrecklich uncool aus. Und da viele Kleidungsstücke dank der Globalisierung immer billiger werden, schafft man sich etwas Neues an.

Aber ich trenne mich nicht von meinem Maskottchen.

9. November 2007. Ich komme gegen Abend von einer Tagesreise zurück, setze mich an den PC, greife nach meiner Weste – und fasse ins Leere. Sie ist nicht da. Na ja, vielleicht habe ich sie in der Küche gelassen. Nein! Oder im Wohnzimmer. Nein. Auch nicht im Bad! In mir steigt langsam Panik auf.

»Schatz, hast du meine Weste gesehen?«

»Ach, die Weste, da gingen doch die Flecken nicht mehr raus. Ich habe sie mit zum Altkleidercontainer genommen. Da musste ich eh vorbei …«

»Die Weste?!«

»Ja, wir waren uns doch darüber einig, dass wir dir eine neue kaufen!«

Darüber einig? Nein, nur sie hat neulich davon gesprochen.

»Auf jeden Fall wollte ich mir noch einen Zipfel als Talisman abschneiden.«

»Ja, aber dann kann sie ja niemand mehr gebrauchen – mit einem Loch drin.«

Ich habe keine Zeit, mit ihr zu streiten.

»Warst du bei den Containern auf dem Moltkeplatz?«

»Wieso fragst du? Du willst doch nicht etwa …«

Aber da bin ich schon weg.

Mit dem Rad rase ich zum Altkleidercontainer. Das ist ein großer grauer Kasten mit dem Logo einer Hilfsorganisation drauf. Vielleicht kann ich unseren Plastiksack wieder herausziehen. Doch davor parkt ein LKW und drei Männer sortieren die Tüten mit der Kleidung. Die gehören aber gar nicht zu der Hilfsorganisation.

Und jetzt erinnere ich mich auch, kürzlich einen Artikel darüber gelesen zu haben. Die Hilfsorganisationen stellen die Container nicht mehr selbst auf. Sie vermieten sie an Firmen, die sich auf das Geschäft mit gebrauchter Kleidung spezialisiert haben. Ich frage die Männer, für welche Firma sie arbeiten. Der eine fährt mich ärgerlich an: »Geht Sie gar nichts an!«

»Na danke auch!«, antworte ich und gehe zurück zu meinem Fahrrad, bleibe aber in Sichtweite. So leicht lasse ich mich nicht abschütteln.

Viele Menschen denken: Ich gebe meine gebrauchte Kleidung in die Altkleidersammlung. So dient sie noch einem guten Zweck. Doch tut sie das wirklich? Die Hilfsorganisation, die auf dem Container steht, hat nur ihren Namen für eine kleine Miete ausgeliehen – mehr hat sie mit den Kleidern nicht zu tun. Wer also steckt hinter diesem Geschäft mit unserer gebrauchten Kleidung? Das interessiert mich, und ich überlege, ob ich es auf eine Verfolgungsjagd ankommen lassen soll.

Aber mit dem Fahrrad habe ich schlechte Karten. Also fahre ich nach Hause und suche nach der Textil-recycling-Firma. Gleich in den *Gelben Seiten* werde ich fündig – das war aber einfach. Und deshalb könnte ich eigentlich noch ein bisschen Zeit investieren und die Firma aufsuchen.

Die Fahrt geht in ein Gewerbegebiet am Stadtrand. Hinter dem vergitterten Eingangstor befindet sich ein großer Hof, auf dem LKWs und Container stehen. Ich steige von meinem Fahrrad, rufe einen Arbeiter herbei und frage nach dem Chef.

Heiner Schulz kommt auf mich zu und fragt, was oder wen ich suche. Ich erzähle meine Geschichte. »Tut mir leid, aber: Betreten verboten! Wenn ich erst mal einen hier auf den Hof lasse, was meinen Sie, was dann in drei Wochen hier los ist?!« Also greife ich zu meinem letzten Trick. Ich hole meinen Presseausweis heraus und erzähle, ich würde eine Geschichte über

Textilrecycling schreiben. Es stellt sich heraus, dass Heiner Schulz ein ganz netter Typ ist. Offen spricht er über sein Unternehmen und die ganze Branche.

Wir laufen über den Hof in eine große Fabrikhalle. Die ist angefüllt mit Kleidung, Bettwäsche und Stoffballen. Von der Hilfsorganisation keine Spur mehr.

»Anfangs dachte ich schon, Sie suchen einen Job! Wir haben im Augenblick nämlich zu wenig Leute. Zwei Container für Afrika und einer für Weißrussland sind fällig.«

»Tut mir leid«, antworte ich. »Aber wenn der Zeitung die Geschichte nicht gefällt, komme ich vielleicht auf Ihr Angebot zurück.«

Das Geschäft mit diesen recycelten Textilien läuft ganz professionell. Die Altkleider werden ausgeladen, ausgepackt und dann in der großen Halle aussortiert. Über vierzig Mitarbeiter sind dort tätig. Vor ihnen liegt ein riesiger Berg unsortierter Kleidung. Von morgens bis abends sind sie damit beschäftigt, ein Kleidungsstück nach dem anderen vor sich hin zu halten, zu mustern und in einen der bis zu zehn Korbwagen zu werfen, die um sie herum stehen.

Es gibt drei Qualitätsstufen: Sachen, die sehr gut erhalten sind, werden gereinigt und an örtliche Secondhand-Läden verkauft. Sachen, die noch tragbar sind, werden ebenfalls gereinigt und an Großhändler überall in der Welt weiterverkauft. Aus Lumpen gewinnt man Rohstoffe für die Papierherstellung.

Und als Drittes gibt es noch die Kleidung für die einzelnen Regionen: Für Afrika werden vor allem Hemden, T-Shirts, Hosen, Kinderkleidung und Haushaltswäsche gesammelt. Für Osteuropa natürlich eher die warmen Textilien – also Mäntel, Pullover und dicke Hosen. »Na, das ist für Sie ein gutes Geschäft, oder?«, frage ich den Firmenchef, um ihn aus der Reserve zu locken.

»Das denken die meisten! Abgesehen von der Gebühr an die Hilfsorganisationen bekommen wir die Kleidung praktisch umsonst – also muss das doch ein gutes Geschäft sein. Das war es auch einmal, vor vielen Jahren! Doch heute muss mindestens die Hälfte der aussortierten Kleidung gut für den Export sein – sonst rechnet sich das ganze Geschäft nicht.«

»Aber warum denn nicht?«

»Es gibt viel Konkurrenz und die Personalkosten sind hoch. Die aufgestellten Container müssen regelmäßig geleert werden – vor allem das Aussortieren ist sehr personalintensiv. Denn das kann keine Maschine machen ...«

Ich bin so vertieft in das Gespräch, dass ich nicht auf die Sortierer achte. Und deshalb den Augenblick verpasse, als die ganz links postierte Sortiererin meine rote Fleeceweste aus dem Haufen zieht. Als sie sich das Stück näher ansieht, wird sie von unserem Gespräch abgelenkt.

»... vielen Textilrecyclern in Europa ist das zu teuer.«

»Und was machen die dann?«

»Tja, die stopfen alle Kleidung unsortiert in Container und verschicken sie nach Dubai. Dort arbeiten Gastarbeiter aus Indien, Pakistan, Indonesien und Afrika für gerade einmal 300 US-Dollar im Monat.«

»Und dabei spart man?«

»Dort müssen sie nicht einmal ein Fünftel des Lohnes zahlen, der in Europa üblich ist.«

Weil die Sortiererin genau zuhört, worüber wir reden, übersieht sie den Fleck auf meiner Weste. Und die findet sich als buntes Kleidungsstück in einem Afrika-Korb wieder.

Zwei Stunden später bin ich auf dem Weg nach Hause. Und meine Weste wandert gerade mit rund fünfzig anderen Kleidungsstücken in eine große Presse. Die quetscht die Kleidung zu einem Ballen zusammen, verpackt diesen in Plastik und sichert den Ballen mit starken Packbändern. Der kleine, aber schwere Ballen wird mit einer Sackkarre zu einem der Container gefahren, die auf dem Hof stehen. Zwei Tage lang haben die Mitarbeiter Textilien aussortiert und zu Ballen gepresst, bis einer der Afrika-Container endlich voll ist.

Am frühen Morgen des 10. November setzt ein LKW rückwärts in den Hof der Firma. Der Werksgabelstapler hebt den Container auf den LKW-Sattel. Und los geht es. Wenn die Fleeceweste auf ihren Reisen

Fensterplätze hätte, dann würde sie jetzt rufen: Hey, die Strecke kenne ich doch!

Es geht über die Autobahn Richtung Norden, zum Hamburger Containerhafen.

KAPITEL 8

Fischraub und Menschenschmuggel –
die Weste auf Westafrika-Kurs

13. November 2007, Hamburger Containerhafen. Es gibt einen Ruck, als Wilfried Hermann, der Führer des Terminalkrans, den Altkleidercontainer anhebt. Vier Tage hat er an diesem Fleck gestanden – länger als die meisten anderen Container. Etliche große Containerfrachter haben in der Zwischenzeit am Kai festgemacht – doch sie sind mittlerweile alle in Richtung Asien oder Amerika ausgelaufen. Richtung Westafrika stechen nur ein bis zwei Schiffe pro Woche in See.

Der Container verschwindet nun im Bauch der *Hannover* – ein kombiniertes Passagier- und Containerschiff, das regelmäßig die Westafrika-Route (Kanaren, Dakar, Lagos, Kapstadt) bedient. Vorher hat Wilfried Hermann etliche Container aus dem Schiff entladen. Und dabei ist ihm wieder der deutliche Unterschied zur Asienfracht aufgefallen: Richtung Asien werden mehr leere als volle Container verschifft. Richtung Afrika ist es genau andersherum: Viele volle Container werden verladen und zurück kommen überwiegend leere – ein Zeichen dafür, dass Afrika, abgesehen von wenigen Öl- und Rohstoffvorkommen, keine große Rolle in der globalisierten Welt unserer Tage spielt.

Am späten Nachmittag legt die *Hannover* ab. Nun geht es erst einmal wieder die Elbe runter bis Cuxhaven, durch die Nordsee und den Ärmelkanal, dann die westeuropäische Atlantikküste entlang in Richtung Süden.

14. November 2007. Als das Schiff den Ärmelkanal passiert, schleicht sich der Maschinist Karl Hartmann mit einem Fernglas an Deck und sucht das Meer ab. Karl ist ein »Entenjäger« – es ist das Hobby etlicher Seeleute, nach ausgeblichenen Schwimmenten zu suchen.

Das Ganze kam so: Im Januar 1992 verlor bei einem Sturm ein Frachter mitten im Pazifik einige Container. Einer sprang auf und 29 000 Enten, Schildkröten und Frösche aus Plastik trudelten an die Wasseroberfläche. Der größte Teil von ihnen driftete nach Süden ab und strandete an indonesischen und südamerikanischen Küsten. Doch rund 10 000 Enten und Frösche trieben nördlich durch die Beringsee in arktische Gewässer. Dann wurden sie um das Jahr 1995 herum im Packeis eingefroren, um sechs Jahre später bei Grönland wieder freigesetzt und in die Mitte des Atlantiks getrieben zu werden. Der Golfstrom hat sie nun erfasst und treibt sie auf Großbritannien und die Iberische Halbinsel zu. Die unsinkbaren Plastiktiere, die inzwischen von Sonne und Salzwasser ausgebleicht wurden, sind an dem Aufdruck »First Years« erkennbar – wenn man sie in die Hand bekommt. Wer eine findet, meldet sich bei dem amerikanischen Meeresforscher Curtis Ebbesmeyer. Für ihn sind die Enten kostenlose Versuchsbojen, deren Wege viel über die Meeresströmungen erzählen. Curtis Ebbesmeyer hat eine Webseite speziell für Strandfunde eingerichtet: *http://beachcombersalert.org/RubberDuckies.html*. Die Seite berichtet nicht nur über Plastikenten, sondern auch über gestrandete Turnschuhe, Glaskugeln, skurrile Hölzer und Eier des rätselhaften Elefantenvogels.

16. November 2007. Die *Hannover* hat vor zehn Stunden die nordspanische Hafenstadt Bilbao verlassen. Etliche Passagiere und Container mit dem Ziel Kanarische Inseln sind an Bord gekommen. Das Schiff ist parallel zur Küste der Iberischen Halbinsel nach Süden gefahren und befindet sich nun auf der Höhe der Straße von Gibraltar.

Die rund 60 Kilometer lange Meerenge verbindet das Mittelmeer mit dem Atlantischen Ozean. Bei klarem Wetter kann man vom Schiff aus sehen, wie nahe der afrikanische Kontinent an die Felsen des europäischen Gibraltars heranreicht – dort trennen Europa und Afrika nur 14 Kilometer. Nirgendwo sonst auf unserem Globus kommen sich eine ganz reiche und eine ganz arme Welt so nah. Bei gutem Wetter kann man von der marokkanischen Küste aus Europa sehen: für viele Afrikaner das ersehnte Paradies.

Heute aber verschwindet alles im Dunst. Und so merken die Passagiere auch gar nicht, dass das Schiff nun einen leicht südwestlichen Kurs einschlägt, um Las Palmas auf Gran Canaria anzusteuern, die Hauptstadt der Kanarischen Inseln. Geografisch gesehen, gehören die Kanaren zu Afrika und nicht zu Europa. Doch im Laufe der letzten 500 Jahre haben sich so viele Spanier auf den Inseln niedergelassen, dass sie schon lange als europäischer Außenposten gelten. Ein attraktiver Außenposten: Früher legten alle Schiffe hier noch einmal an, bevor sie den Atlantik in Richtung Amerika überquerten. Heute bieten die Inseln den Touristen ein »Stück Europa« mit afrikanischem Klima. Das ganze Jahr über Sonnenschein.

18. November 2007. Die *Hannover* hat Las Palmas verlassen und südöstlichen Kurs eingeschlagen. Es geht Richtung Dakar, der Hauptstadt des Senegals.

Plastikenten hat Karl auf dieser Reise keine entdeckt. Dafür sieht der wachhabende Offizier am Nachmittag am Horizont eine andere Art von »Spielzeug« – gefährliches Spielzeug. »Nussschalen« sagen die

Matrosen zu den kleinen hölzernen Fischerbooten, mit denen Flüchtlinge aus Afrika das offene Meer mit dem Ziel Kanarische Inseln überqueren wollen. Der Offizier meldet die Neuigkeit an den Kapitän.

Für die Kapitäne der Schiffe, die die Flüchtlingsrouten durchqueren, sind solche Begegnungen eine komplizierte Sache. Der Kapitän ist nicht nur verpflichtet, in Seenot geratenen Menschen zu helfen. Er will auch helfen, Menschenleben zu retten. Aber er handelt sich mit höchster Wahrscheinlichkeit Ärger von allen Seiten ein: Brauchen die Flüchtlinge Hilfe oder wollen sie lieber in Ruhe gelassen werden? Nimmt er sie in internationalen Gewässern an Bord, entsteht die Frage: Wo soll er sie abliefern? Kein Land ist in diesem Fall dazu verpflichtet, sie aufzunehmen. Es gibt nicht wenige Kapitäne, die ein Lied davon singen können, was es heißt, über die Meere zu irren mit Flüchtlingen an Bord, die nirgendwo willkommen sind. Die Flüchtlinge sind nachher sauer, wenn sie im falschen Land das Schiff verlassen müssen. Und die Reederei des Kapitäns ist natürlich alles andere als entzückt von dieser Unterbrechung, die sie viele Hunderttausend Euro kostet.

Als der Kapitän auf die Brücke kommt, ist das Boot nicht mehr mit dem Fernglas zu erkennen. Auf Funkrufe reagieren die Flüchtlinge nicht. Doch auf dem Radar kann er sehen, dass sie zügig vorankommen und auf die Kanaren zuhalten. Keine Seenot erkennbar. Der Kapitän stößt einen Seufzer der Erleichterung aus

SENEGAL: ARMES LAND, REICHES LAND

Der Senegal gilt wie viele westafrikanische Länder als ziemlich arm. Das liegt vor allem am raschen Bevölkerungswachstum. Die Einwohnerzahl hat sich in den letzten zwanzig Jahren verdoppelt, also sind die meisten der rund zwölf Millionen Senegalesen unter zwanzig Jahre alt. Zwei Drittel von ihnen können weder lesen noch schreiben, sie sind Analphabeten. Schlechte Ernährung und medizinische Versorgung sind der Grund dafür, dass im Durchschnitt Männer nur 55 und Frauen nur 57 Jahre alt werden.

Der Senegal liegt in der sogenannten Sahelzone, dem Übergangsgebiet zwischen der Sahara und den regenreichen Wäldern in Zentralafrika. Der Großteil des Landes besteht aus trockenen Savannen – nur 16 Prozent der Landesfläche sind fruchtbar, und dieses Land wird auch noch schlecht genutzt. Obwohl mehr als zwei Drittel der Erwerbstätigen in der Landwirtschaft arbeiten, kann der Senegal damit nicht einmal die Hälfte der benötigten Lebensmittel selbst produzieren.

Warum ist das so? Der Senegal war fast 300 Jahre lang französische Kolonie und wurde erst 1960 unabhängig. Wie die meisten afrikanischen Länder wurde auch der Senegal in Kolonialzeiten dazu gezwungen, nur einzelne Produkte anzubauen. Im Senegal sind das vor allem Erdnüsse und Baumwolle, die noch immer in großem Stil produziert werden. Doch die Preise dafür sind auf dem Weltmarkt in den letzten Jahrzehnten drastisch gefallen, weil die USA ihre eigenen

Baumwoll- und Erdnussfarmer finanziell massiv unterstützen. (Die EU macht das auf anderen Gebieten mit ihren Bauern genauso.) Deshalb erwirtschaftet die Landwirtschaft im Senegal gerade einmal 20 Prozent des nationalen Reichtums.

Da auf dem Land Armut und Perspektivlosigkeit herrschen, ziehen die Menschen in die Städte. Dort leben mittlerweile über die Hälfte der Senegalesen. Weil auch dort Arbeit Mangelware ist, handeln die meisten einfach mit irgendetwas: Lebensmitteln, Lotteriescheinen, Gebrauchsgegenständen, Souvenirs für Touristen oder eben Textilien.

Doch es gibt auch Lichtblicke: Der Senegal besitzt das bestausgebaute Straßennetz in ganz Westafrika. Der Hafen in Dakar ist der zweitgrößte und einer der modernsten in Westafrika, und rund um Dakar entwickelt sich mittlerweile eine blühende Industrie für Zucker, Pflanzenöl, Fisch und in der Textilverarbeitung.

und befiehlt: »Kurs halten!«

20. November 2007. Die *Hannover* hat die Küste des Senegals erreicht. Wie eine Nase ragt ein schmaler Landstreifen ins Meer hinein. Über seinen äußersten Zipfel erstreckt sich die Hauptstadt Dakar mit ihren Vororten, dem internationalen Flughafen und einem Fischerdorf mit Strandhotels.

In der Bucht, direkt an der Route zum Hafen von Dakar, liegt die nur 1000 Meter lange Insel Gorée. Sie ist berüchtigt als »Sklaveninsel« und wurde von der

UNESCO, der Organisation der Vereinten Nationen für Erziehung, Wissenschaft und Kultur, zum »Weltkulturerbe« ernannt. Von hier aus wurden früher die Sklaven nach Übersee verschifft. Auf Gorée ist jeder Meter Boden bebaut – von Weitem erkennbarer Mittelpunkt der Insel ist jedoch noch immer das »Sklavenhaus«. Ein rundliches Gebäude, rosafarben gestrichen. Zur See hin gibt es eine kleine Öffnung in der Mauer, die als das »Tor ohne Wiederkehr« berühmt wurde. Denn die Afrikaner, die dort durchgeführt wurden, haben ihre Heimat nie wiedergesehen. Nachdem man sie wochenlang in kleinen Zellen eingesperrt hatte, wurden sie wie Vieh in die Laderäume von großen Segelschiffen gequetscht. Ohne Skrupel nahm man in Kauf, dass viele von ihnen unterwegs an Krankheiten, Hunger und Durst sterben würden. Doch die Rohrzucker- und Tabakplantagen in Südamerika und auf den Karibik-Inseln benötigten Arbeiter, die auch in größter Hitze schuften konnten. Also wurden zwischen dem 15. und 19. Jahrhundert ungefähr 10 bis 50 Millionen Afrikaner verschleppt. Die erste und grausamste Globalisierungswelle der Neuzeit.

21. November 2007, **Hafen von Dakar.** Ein Kran hievt vierzig bis fünfzig Container auf den Hafenkai. Hier geht es etwas chaotischer zu als im Hamburger Containerhafen oder in Singapur. Ein Kranwagen ergreift die

Container und setzt sie ohne großen Plan dort ab, wo gerade Platz ist.

Häufig wird gesagt: Durch die Globalisierung werden die armen Länder ausgebeutet – vor allem in Afrika. Und deshalb denken die meisten: Den Afrikanern wird viel weggenommen. So wie im 19. und frühen 20. Jahrhundert, als Afrika der große Lieferant für Rohstoffe, Gewürze und allerlei exotische Produkte war und die großen Industrienationen dort um Kolonien kämpften. Demnach müssten auch heutzutage viele gefüllte Container eingeladen und in die reichen Länder verschifft werden. Doch das Gegenteil ist der Fall: Dutzende volle Container werden aus dem Schiff geladen und nur wenige befüllte wieder mitgenommen. Manchmal müssen sogar leere Container geladen werden, damit es keinen Containerstau gibt. Das soll Ausbeutung sein?

Ja, die Ausbeutung hat gerade mit den vielen Waren zu tun, die abgeladen werden. Das sind nicht nur Altkleider aus ganz Europa. Am Hafenkai stehen auch Hunderte von Schrottautos. Zufall? Nein, ganze Schiffsladungen mit Schrottautos werden von Europa nach Afrika transportiert. Es werden aber auch ganze Container mit Lebensmitteln abgeladen. Beispielsweise Zwiebeln aus Holland, Rindfleisch aus Deutschland …

All diese Waren kommen aus reichen Ländern und haben eine lange Reise hinter sich. Trotzdem werden sie nun zu Preisen auf den Märkten des Senegals angeboten, die weit unter denen der landeseigenen Produkte liegen. Natürlich kaufen die Senegalesen diese Waren, weil sie billiger sind. Doch die einheimischen Bauern verdienen kaum noch etwas. All diese Lebensmittel wurden von den Steuerzahlern der Europäischen Union kräftig subventioniert. Das heißt, von den Steuergeldern der EU erhalten die Bauern für jede Zwiebel und jeden Liter Milch einen kleinen Geldbetrag. Nur deshalb können die Waren später so billig in Afrika verkauft werden.

Am Hafeneingang wartet bereits der Empfänger des Altkleidercontainers: Moustapha hat die Frachtpapiere per Fax aus Hamburg bekommen und sich sofort die Einfuhrgenehmigung geholt. Er hat alle Papiere zusammen. Doch der Hafenverwalter sagt ihm: »Dein Container ist leider nicht mitgekommen.«

Moustapha geht enttäuscht zum LKW, den er für den Transport organisiert hat. Er sagt dem Fahrer, dass er warten soll. Dann geht er in sein Büro zurück und ruft in Hamburg an. Dort wird ihm gesagt, der Container müsse dabei sein. Es ist ein weißer …

22. November 2007. Gleich am Morgen macht sich Moustapha auf die Suche und studiert die Kennzeichnungen aller weißen Container. Und nach einer halben Stunde in der schattenlosen Hitze hat er seinen Container gefunden. Er geht zurück ins Büro. Doch

dort behauptet man einfach: Die Kennzeichnung seines Containers befinde sich nicht auf der Liste der Schiffsladung.

Nach langem Flehen geht einer der Beamten mit Moustapha auf den Platz hinaus, um den Container anzuschauen: »Donnerwetter! Das ist ja Zauberei! Da steht er tatsächlich!«

Der Beamte überlegt, wie er nun reagieren soll. Die anfängliche Freude schlägt in Verwirrung um. Der Container sollte eigentlich gar nicht hier sein. Denn er steht nicht auf der Ladeliste. Da muss er sich erst einmal mit den Kollegen beraten. Nach 30 Minuten heißt es: »Das ist ein großes Problem. Wir müssen im Handelsministerium nachfragen.« Moustapha hat genug, er gibt auf. Er geht mit einem der Zöllner in eine stille Ecke. Dort diskutieren sie hektisch – immer wieder werden Arme gehoben und Seufzer ausgestoßen. Wir kennen das ja bereits aus Bangladesch …

Schließlich kommen sie zurück, und nun ist plötzlich alles in Ordnung. Das Problem mit der Ladeliste ist nicht mehr so entscheidend. Morgen wird der Container auf der Liste stehen. Zwei Stunden später wird der Container von einem Kranwagen auf den LKW geladen, der schon seit gestern bereitsteht.

Nun könnten sie losfahren – doch der Wagen springt nicht an. Moustapha sieht den Fahrer an, der zuckt die Achseln. »Gestern fuhr er noch!« Ein Fremder schaut zur Fahrerkabine rein: »Soll ich Benzin holen? Ich habe ein Fahrrad und bin schnell wie der Wind!«

Der Fahrer wimmelt ihn ab. Er nimmt einen Hammer, steigt aus und öffnet die Motorhaube. Gleich wird der LKW von etlichen Männern umringt. Wenn man sich nicht gerade in der Sahara verlaufen hat, ist man in Afrika nie allein. Die Männer geben Ratschläge, machen Witze, und alle warten auf den Moment, wo sie irgendwie mit anpacken können. Damit sie ein paar CFA-Franc (CFA ist die Abkürzung für die Währung im Senegal: Franc de la Communauté Financière d'Afrique) verdienen können – Euro würden sie allerdings noch lieber nehmen. Der Fahrer klopft hier und da am Motor, zieht am Kolbenring und flucht immer lauter.

»Soll ich Benzin holen?!«

»Hau ab!«

Nach einer halben Stunde stellt sich heraus: Der Benzintank ist tatsächlich leer. Der Fahrer hatte wegen der Hitze die Belüftung laufen lassen. Nun muss erst Benzin herangeschafft werden. Drei Männer streiten sich um den leeren Benzinkanister. Einer trägt den Sieg davon und lässt sich von seinem Freund – der mit dem Fahrrad – zur nächsten Tankstelle fahren. Eine Viertelstunde später ist der Kanisterträger zurück und das Benzin wird eingefüllt.

Nun geht es endlich los – quer durch die Hauptstadt. In gemächlichem Tempo allerdings. Das liegt nicht nur daran, dass hier so viele PKWs, Autobusse und LKWs unterwegs sind. Auch Fahrräder, Mopeds und jede Menge Menschen verstopfen die Straßen. Und deshalb haben wir Zeit, uns etwas umzuschauen:

Dakar hat über zwei Millionen Einwohner – weit mehr als Hamburg. Doch die Stadt wirkt völlig zusammengewürfelt: Hochhäuser stehen neben Lehmhütten, schicke Hotels, Bars und Geschäfte neben Bruchbuden aus Sperrholz und Wellblech. Doch zwischen den Gebäuden wimmeln Tausende bunter Farbtupfer: Die Menschen im Senegal, die Senegalesen, sind zwar ziemlich arm, trotzdem geht es hier recht laut, lustig und bunt zu. Die Senegalesen lieben Musik. Von überall her schallt es über die Straße: karibische Klänge hier, Salsa dort. Vor allem jedoch eine afrikanische Mischung aus Funk und Pop – diese Mbalax-Musik haben die Senegalesen Youssou N'Dour und Omar Pene bekannt gemacht.

Wie alle Afrikaner lieben die Senegalesen kräftige Farben. Vor allem die Frauen tragen bunte Kleider oder traditionelle Umhänge mit farbigen Mustern – sogenannte Boubous. Mit anderen genauso kräftigen Mustern verzieren die Männer ihre Autos, Fischerboote, Schilder über ihren Geschäften oder was immer ihnen besonders wichtig ist. Und es wird viel gehupt – jeder hat das Gefühl, der andere müsse ihm Platz machen, weil er es viel eiliger hat als der Rest.

Das Lager von Moustapha liegt in einer Seitenstraße der Avenue G. Pompidou. Das ist gerade einmal 1,5 Kilometer vom Hafen entfernt. Doch für diese

BAUMWOLLE, BOUBOUS UND WARUM AFRIKA
SEINE BUNTHEIT VERLIERT

Afrika – das ist für uns neben der Serengeti mit ihren Elefanten, Löwen und Gnuherden vor allem auch ein lautes Gemisch aus Menschen in bunter Kleidung.

Doch mittlerweile stammen schon etwa zwei von drei Kleidungsstücken aus dem Altkleiderrecycling. Tausende von Tonnen Altkleider werden jährlich von Europa nach Westafrika gebracht. Ostafrika dagegen wird vor allem von den nordamerikanischen Ländern versorgt.

Doch diese Importe vergrößern das Leiden der Menschen dort. Die Kleidung wird billig auf den Märkten angeboten und verdrängt dadurch die einheimische Ware. Die einheimische Kleiderproduktion hat ursprünglich vielen Menschen Arbeit gegeben – von der Baumwollpflanzung über das Spinnen und Weben bis zum Kleidernähen.

In Ghana ist es anders: Hier kaufen die Einheimischen nur nationale Kleidung. Und in Mali ist der Boubou nach wie vor ein Statussymbol. Es ist ein festliches langes Gewand mit kostbaren Ornament-Stickereien – und es stammt aus eigener Produktion.

Strecke benötigt Moustapha eine halbe Stunde.

Der LKW kommt vor dem großen Eingangstor zum Stehen. Der Fahrer hat die Türen des Containers noch nicht geöffnet, da hat sich bereits eine Traube von Männern davor versammelt, um den LKW auszuladen.

Es sind keine Angestellten von Moustapha.

In Afrika, besonders in den Großstädten, sind immer »zufällig« ein paar Männer in der Gegend, die darauf warten, anzupacken, eine Information zu geben oder einen Fremden zu einem guten Freund zu führen, der eine Information für ihn hat oder was auch immer der Fremde gerade benötigt.

Moustapha verhandelt mit den Männern, wie viel Geld sie für das Ausladen bekommen. Man einigt sich auf 2500 CFA-Franc, rund 40 Euro. Schon nachdem sie den zweiten Ballen auf ihren Schultern in die Halle geschleppt haben, schwitzen die Männer so stark, dass ihre Gesichter glänzen.

Beobachtet werden sie dabei von einem besonders engen Mitarbeiter von Moustapha, der die Anzahl der Ballen auf einem Blatt Papier notiert. Das Blatt Papier interessiert später keinen mehr. Doch mit diesem genauen Zählen zeigt er: Ich passe auf jeden Ballen auf! In Afrika gehen nämlich eine Menge Dinge beim Transport verloren. Wenn man böse sein will, könnte man auch sagen: Sie werden gestohlen. Aber das Wort »stehlen« benutzen Afrikaner nicht gern.

Nun bleiben die neuen Ballen nicht etwa wieder einige Zeit liegen. Die Ankunft neuer Ware hat sich in Windeseile herumgesprochen und sofort strömen Neugierige herbei. Sie würdigen keinen der alten Ballen auch nur eines Blickes, sondern alle begutachten nur die neuen

Ballen.

Denn das Problem mit den Ballen ist: Es gibt gute und schlechte. In manchem Ballen sind zehn, zwanzig gute Jeans, also »stonewashed« mit ausgefransten Hosenbeinen. Auch Afrikaner sind modebewusst, vielleicht sogar modebewusster als Europäer. Und was in den reichen Ländern gerade modisch ist, das bekommen die jungen Senegalesen über die Werbung in Zeitungen, in Kinofilmen oder im Internet genau mit. Hellblaue Jeans aus dem Ramschkaufhaus will auch hier niemand – dann lieber gar keine Jeans!

Und es gibt schlechte Ballen, in denen sich beispielsweise nur Haushaltswäsche, Stoffhosen und Hemden ohne kräftige Farben befinden. Natürlich würden alle nur gute Ballen kaufen, wenn man einen guten von einem schlechten klar unterscheiden könnte. Doch die Ballen dürfen nicht geöffnet werden – sonst würde jeder nur nach den guten Sachen greifen. Und von außen lässt sich nicht allzu viel erkennen.

Unter die Leute, die herbeigeeilt sind, hat sich auch Aisha gemischt. Die 38-jährige Mutter von fünf Kindern betreibt einen Marktstand im nördlichen St. Louis. Sie ist heute früh um vier Uhr aufgestanden und nach Dakar gekommen, um Nachschub für ihren Stand zu kaufen.

Aisha entscheidet sich für den Ballen, durch dessen Folie mehrere blaue und hellrote Kleidungsstücke leuchten. Das können Jeans und bunte Kleider sein, die sich gut verkaufen lassen – hofft sie. Für ihren Ballen muss sie 8000 CFA-Franc bezahlen, das sind etwa 120 Euro.

Ein Boy begleitet Aisha – der 15-jährige Mohammed. Er weicht den ganzen Tag nicht von ihrer Seite und nimmt ihr alle schweren Tätigkeiten ab. Er schleppt auch den Ballen zum Busbahnhof, der Gare routière nahe der Großen Moschee. Hier stehen die »Taxi-Brousse«, die sogenannten Busch-Taxen. Sie fahren eine bestimmte Route, aber nicht zu festen Uhrzeiten. Die Kleinbusse haben eigentlich nur zwölf Sitzplätze. Doch die Fahrer haben zusätzlich Notsitze aus Holz, Klappbänke oder einfache Metallstangen eingebaut – so bekommt man mit etwas Drücken und Schieben rund dreißig Fahrgäste hinein. Vorher fährt der Kleinbus auch gar nicht los.

Ungefähr zwei Stunden dauert es heute, bis sich genügend Fahrgäste in den Bus gequetscht haben. Keiner von ihnen kann sich noch drehen oder auch nur den Arm heben. Aisha und Mohammed sitzen stumm und schwitzen. Warum fährt der Bus denn nicht los? Ein Mann erscheint am Fenster des Fahrers und reicht ihm ein Paket – begleitet von vielen Worten und Gesten. Bei allen guten und bösen Geistern – das war hoffentlich das Startsignal! Tatsächlich startet der Fahrer den Kleinbus und rauscht ohne nach links und rechts zu gucken auf die Ausfallstraße in nördliche Richtung.

Alle genießen den Luftzug, der nun durch den Bus weht. Doch entspannen können sie nur einige Augenblicke. Sobald der Verkehr es zulässt, tritt der Fahrer das Gaspedal ganz durch. Die Stunden, die er auf dem Busbahnhof gewartet hat, scheint er binnen weniger Minuten aufholen zu wollen. Die Passagiere werden heftig durchgeschüttelt. Und die, die aus einem Fenster sehen können, beginnen bald um ihr Leben zu fürchten.

»Allah ist allmächtig und Mohammed ist sein Prophet!«, flüstert Mohammed die Schutzformel.

Aisha dagegen ist mit der Fahrweise der Busfahrer vertraut. Sie sitzt so, dass sie immer wieder nach hinten schauen kann. Denn für sie wäre das Schlimmste, was passieren könnte: dass der Bus ihren auf dem Dach verstauten Ballen verliert.

23. November 2007. Die Hafenstadt St. Louis ist eine Art Venedig in Westafrika und wurde von den Franzosen erbaut, als diese hier Kolonialherren waren. Der alte Stadtkern liegt auf einer lang gestreckten Insel zwischen dem Fluss Senegal und dem Meer. Eine 500 Meter lange Brücke führt dorthin. Ihre Rundbögen hat der französische Ingenieur Gustave Eiffel aus dem gleichen Stahl erbauen lassen wie seinen berühmten Turm in Paris. Der alte Stadtkern besteht aus dicht gedrängten steinernen Kolonialhäusern, die immer mehr verfallen. Dort

WESTAFRIKA UND EUROPA –
EINE LEIDENSGESCHICHTE

Die Fischer verkaufen heute ihre Boote an Menschenhändler, weil sie vom Fischfang nicht mehr leben können. Es sind vor allem große europäische Fischtrawler, die vor der westafrikanischen Küste die großen Fischschwärme abfangen.

Die Europäische Union gibt Jahr für Jahr Hunderte von Millionen Euro aus, um die Arbeitsplätze in der Fischerei zu erhalten. Ein großer Teil dieses Geldes entfiel auf Fangrechte, die sie den westafrikanischen Staaten abkauften. Die Gelder gingen aber nicht etwa an die Fischer dort, sie versackten in der Verwaltung des Landes.

Hinzu kommt: Die EU-Subventionen werden eigentlich dafür gezahlt, dass die europäischen Arbeitsplätze erhalten werden. Tatsächlich aber nutzen die Fischer die Gelder, um größere und modernere Schiffe zu kaufen. Und häufig arbeiten Westafrikaner zu Billiglöhnen an Bord der europäischen, vor allem der spanischen, Fischtrawler. Im Klartext: Westafrikaner werden mithilfe von EU-Geldern ausgebeutet und gleichzeitig die Lebensgrundlagen westafrikanischer Fischer zerstört.

Kritik hat dazu geführt, dass die EU stärkere Auflagen für ihre Fischer erlassen hat: Sie dürfen nicht mehr so viel Fisch vor der Küste fangen und müssen gröbere Netze benutzen, um den Fischnachwuchs zu schonen. So sollte die Küstenfischerei der Afrikaner geschützt werden. Prompt hat die senegalesische Regierung die Fangrechte vor der Küste für mehr Geld an Korea verkauft – ohne irgendeinen Schutz für die einheimischen Fischer.

wohnt Aisha mit ihrer Familie.

Nach rund zehn Stunden Fahrt und einmal Umsteigen sind Aisha, Mohammed und der Ballen in der Nacht zu Hause angekommen. Heute wird Aisha ihren Ballen öffnen und die neue Ware auslegen – an ihrem Stand, der am Markt nahe dem Strand liegt.

Für sie beginnt nun eine einfache Rechnung: Der Ballen hat 120 Euro gekostet. Ihre Familie benötigt für zwei Wochen ebenfalls rund 120 Euro Haushaltsgeld – macht zusammen 240 Euro. Aus 120 Euro müssen also mindestens 240 Euro werden. Oft klappt das, aber nicht immer. Manchmal ziehen die kleinen Händler wie Aisha eine echte Niete. Vor ein paar Wochen hatte sie einen Ballen, der brachte nur 100 Euro ein, nicht einmal den Kaufpreis.

Aber in Afrika gibt es für solche Fälle kein Rückgabe- oder Reklamationsrecht. Hier sind die Menschen Schicksalsschläge gewohnt. Sie jammern nicht, sondern sehen zu, wie sie trotzdem weiter über die Runden kommen.

3. Dezember 2007. Am Strand von St. Louis liegen viele hölzerne Fischerboote. Die meisten haben aufwendige Bemalungen und fantasievolle Namen wie *AIDA-St. Louis* oder *Muslim-Express*. Touristen kommen, um sie zu fotografieren. Besonders schön sieht es

aus, wenn die Fischer von ihren Fangfahrten zurückkommen und sich der ganze Strand mit Menschen füllt. Alle wollen ihren Teil vom Fang abbekommen.

Doch dieses schöne Bild täuscht: Früher waren die Fischer nur ein bis zwei Tage auf dem Meer und kamen dann zurück. Ihre Schiffe drohten unterzugehen, so randvoll waren sie mit Fisch beladen. Doch heute müssen sie oft eine ganze Woche draußen bleiben – trotzdem ist die Ausbeute mager. Schuld haben die großen Fischtrawler, die ihnen alles vor der Nase wegfangen.

Unter den Leuten am Strand befindet sich auch der 18-jährige Adrame. Er kommt aus einem Dorf im Landesinneren. Dort gibt es schon seit einigen Jahren keine Arbeit mehr. Baumwolle können sie nicht mehr anpflanzen, weil zu wenig Wasser zur Verfügung steht. Und Erdnüsse bringen keinen Gewinn mehr, seit die Preise in den Keller gestürzt sind.

Adrame trieb sich einige Zeit in Dakar herum. Aber er bekam nur hin und wieder einen Handlanger-Job. Denn er hat keine Verwandten, keine Beziehungen in Dakar. Die braucht man aber, um einen der besseren Jobs zu bekommen. Deshalb will er nach Europa.

Vor allem aber will er nach Europa, weil sein alter Schulkamerad Adbouleyle ihm davon erzählt hat. Der hat dort sein großes Glück gemacht. Adbouleyle hat sein altes Dorf vor einem halben Jahr besucht. Er trug tolle Kleidung und hatte eine dicke Uhr, eine dicke Sonnenbrille und eine dicke weiße Frau an seiner Seite.

Es war seine Frau, in Deutschland warten die Frauen nur auf schöne schwarze Männer, um sie zu heiraten!

»*Allahu akbar*. Wenn du erst mal da bist, ist alles einfach!«, hat ihm sein Freund erzählt, als sie allein waren. »Du bekommst einen festen Job. Ich arbeite in einem Restaurant – McDonald's, die größte Restaurantkette der Welt. Du lässt dir Rastalocken machen und gewöhnst dir einen schlendernden Gang an. Verstehst du? Cool muss das sein! Dann drehen sich die Frauen nach dir um. Und dann suchst du dir eine aus.« Er kniff Adrame in die Seite. »Es ist zwar etwas kalt dort, aber dafür kannst du dir alle Kleidung der Welt leisten. Du siehst etwas und kaufst es dir! Nagelneue Klamotten – so sagen sie dort.«

Nachdem sein Freund wieder abgereist war, packte Adrame die Unruhe. Dakar reichte ihm nicht mehr als Ziel, er wollte auch nach Europa, er wollte auch ins Paradies.

Nun sucht er schon seit Tagen nach einem Boot, das ihn zu den Kanaren mitnimmt. Mittlerweile ist es ihm egal, wie groß und wie alt das Schiff ist. Oder wie viele Menschen ins Boot gestopft werden. Hauptsache, seine 350 Euro reichen für die Überfahrt. Die hat er sich mühsam in der Verwandtschaft und bei Freunden zusammengeliehen.

Doch die Schlepper winken ab: 500 bis 600 Euro kostet ein Platz. Die Schlepper müssen den Fischern

die Boote abkaufen, sie müssen einen erfahrenen Boots-
mann und das Benzin bezahlen.

Außerdem wollen etliche Hintermänner und die
vielen Agenten, die die Kontakte zu den interessier-
ten Flüchtlingen aufbauen, auch etwas von dem Geld
abhaben.

7. Dezember 2007. Während Adrame durch die Stadt
läuft und eine Überfahrt sucht, hört er eine Menge schlimmer Dinge über die Überfahrt und das
europäische Paradies.

Seit einigen Tagen laufen im Radio Tag und Nacht
immer wieder kleine Spots der Regierung: »*Tukki
tahul tekki*« – »Eure Wünsche werden nicht erfüllt!«
Die meisten Flüchtlinge erreichen Europa gar nicht –
heißt es. Sie ertrinken oder werden zurückgeschickt.
Und wenn sie es schaffen, sind sie Illegale. Sie müssen dreckige Arbeiten annehmen, werden häufig nicht
bezahlt, können als Illegale nicht zum Arzt gehen,
wenn sie krank werden.

Aber die Leute am Strand sagen: »Das sendet das
Radio nur, weil es von den Europäern dafür bezahlt wird!«

Heute im Café erzählt einer, dass die Regierung es
zugelassen hat, dass europäische Flugzeuge, Hubschrau-
ber und Schnellboote mit Maschinengewehren an der
Grenze zu den internationalen Gewässern patrouil-
lieren. Sie zwingen die Flüchtlingsboote zur Umkehr.
Und wer nicht hört, wird beschossen.

»Ach Quatsch!«, ruft ein anderer dazwischen. »Ihr glaubt doch wohl nicht, dass unsere Regierung zulässt, dass Ausländer unsere Leute umbringen.«

»Unserer Regierung ist alles zuzutrauen!«, erwidert ein Dritter. »Die würden uns auch als Sklaven verkaufen – wenn uns einer nehmen würde!«

Daraufhin herrscht einen Moment lang Stille. Alle fühlen sich klein und schutzlos.

Und dann hört Adrame etwas, was ihm nicht mehr aus dem Kopf geht. Viele Schiffe würden durch Stürme beschädigt oder ständig im Kreis fahren, weil sie die Orientierung verloren hätten. Schließlich würden sie kentern und sämtliche Insassen ertrinken – ihre Leichen würden an der ganzen Küste bis hoch nach Marokko angespült.

Das darf Adrame nicht passieren. Und deshalb beschließt er, einen Magier, einen Marabu, aufzusuchen. Marabus sind Medizinmänner und Magier. Eigentlich sind die Menschen des Senegals Muslime. Aber ihre

alten Riten und Göttervorstellungen aus vormuslimischer Zeit sind nie ganz verschwunden. Nach ihrer Vorstellung ist die ganze Natur beseelt – überall lauern gute und böse Geister. Die kann aber nur der Marabu sehen. Schwebt ein guter Geist über einem Menschen oder einer Reise, ist alles in Ordnung. Schwebt ein böser Geist darüber, kann der Marabu ihn vielleicht vertreiben. Manchmal gelingt ihm das nicht, dann sollte man sein Vorhaben aufgeben.

Längere Zeit verhandelt Adrame mit dem Magier, ehe sie sich einigen. Geldscheine wechseln den Besitzer, und dann sucht der Marabu Rat bei den Vorfahren und seinen unsichtbaren Helfern. Er trinkt eine merkwürdig aussehende Flüssigkeit aus einer Flasche, wiegt sich hin und her und beginnt die Augen zu verdrehen.

Dann segnet er Adrame, indem er eine Zauberformel spricht, seine Hände über Adrames Kopf streichen lässt und ihm etwas von der Flüssigkeit ins Gesicht sprüht. Schließlich murmelt der Marabu einiges, wovon Adrame nur Fetzen versteht: »Ihr werdet … euer Ziel … erreichen – aber … wehe … lange … Schatten über euer Boot … sie verfolgen euch … schützen … etwas, das leuchtet …«

Schützen … etwas, das leuchtet? Adrame wollte fragen, was der Marabu damit meint. Doch der erwacht schlagartig aus seiner Trance und sagt nur noch: »Geh jetzt, ich bin müde!«

Soll er etwas, das leuchtet, schützen? Oder soll er sich selbst schützen, mit etwas, das leuchtet? Einen halben Tag lang schleicht Adrame durch die Stadt, bis er am Stand von Aisha die rote Fleeceweste sieht – vielleicht könnte das ja das Zeichen sein.

Ganz naiv sagt er zu der Verkäuferin: »Sie sieht aus wie eine Zauberweste!«

»Ja«, sagt sie, »die ist aus einem Material, das hält die Feuchtigkeit ab. Kein Wasser kann eindringen und du selbst musst nicht schwitzen. Diese Weste hat wirklich magische Kräfte … Wenn ich es mir richtig überlege, sind 130 Franc (zwei Euro) viel zu wenig.«

Jetzt muss Adrame kontern: »Warum hat sie dann noch keiner gekauft? Vielleicht liegt ja ein Fluch auf der Weste. Und schön ist sie ja auch nicht gerade.« Adrame faltet die Weste auseinander.

»Hey, sie hat ja sogar einen dicken Fleck!«

»Okay, 130 Franc!«, sagt Aisha schnell. »Sonderpreis. Gib mir das Geld!«

Und so wechselt die Weste schließlich den Besitzer.

WIE KOMMT EIN SENEGALESE NACH EUROPA?

Für einen Senegalesen gibt es drei Möglichkeiten, nach Europa zu kommen:

1. Die sicherste Methode ist: eine europäische Frau heiraten. Doch wie kommt man an eine Europäerin? Nur wenige kommen als heiratswillige Touristinnen in den Senegal. Man muss also erst einmal in Europa sein, um auf Suche gehen zu können.

2. Die billigste Methode ist nicht etwa das Fischerboot als Transportmittel, sondern das Flugzeug. Ein Ticket Dakar–Paris gibt es schon ab 300 Euro. Allerdings braucht man dazu ein Visum. Ein gefälschtes Visum reicht, um die senegalesischen Beamten zu überlisten. Aber spätestens in Paris fliegt man damit auf und wird zurückgeschickt.

3. Die gefährlichste und gleichzeitig teuerste Methode ist der Weg mit dem offenen Boot über den Atlantik – sich von Menschenschmugglern illegal über das Meer bringen zu lassen.

Bis 2006 führte die Hauptroute der afrikanischen Flüchtlinge über die Meerenge von Gibraltar nach Spanien. Es ging quer durch die Sahara bis an die marokkanische Küste, häufig einen großen Teil der Strecke zu Fuß.

Doch seit 2006 wird dort stärker kontrolliert und die Marokkaner greifen hart durch. Die Flüchtlinge werden geschlagen, in einen Bus gesetzt und an der Grenze – mitten in der Wüste – einfach ausgesetzt. Deshalb umgehen die neuen Fluchtrouten nun Marokko. Die östliche Route verläuft durch Libyen übers Mittelmeer nach Italien oder Griechenland. Die westliche Route verläuft von der Küste Mauretaniens oder des Senegals über den offenen Atlantik zu den Kanarischen Inseln.

So eine Reise dauert vier bis fünf Tage und kostet um die 600 Euro. Der Preis ist abhängig vom Komfort der Schiffe: Holz- oder Stahlboot, Motorleistung, Navigationsgerät an Bord und Ähnliches.

Früher haben sich die jungen Senegalesen nur auf die Aussagen ihrer Freunde und Bekannten verlassen. Heute informieren sich viele im Internet. Dort werden neben »normalen Reisen« auch Menschenschmuggel-Touren angeboten. Im Internet kann man sich aber auch über die Wetteraussichten auf dem Atlantik informieren: Aus welcher Richtung weht der Wind? Drohen in den nächsten Tagen Stürme oder der Harmattan, ein Wind, der so viel Sandstaub aus der Sahara mitführt, dass man nichts mehr sehen kann?

Aber auch die Gegenseite hat aufgerüstet: Die Europäische Union hat die gemeinsame Grenzschutztruppe Frontex gegründet. Mit Aufklärungsflugzeugen, Hubschraubern und Patrouillenbooten spüren sie Flüchtlingsboote bereits an den westafrikanischen Küsten auf und verhindern, dass sie in internationale Gewässer gelangen.

KAPITEL 9

Die einen dürsten, die anderen nicht – Showdown vor Teneriffa

14. Dezember 2007. Nach Sonnenuntergang versammeln sich die Flüchtlinge am Strand. Heute soll es endlich losgehen. Nachdem Adrame unzählige Male mit seinen 350 Euro abgewiesen wurde, hat ein Schlepper den Betrag schließlich doch akzeptiert. »Aber dass du mir keinen Luxus erwartest. Das reicht gerade einmal für das Boot und das Benzin«, hatte der gefährlich aussehende Mann gesagt.

Dann war einige Tage gar nichts passiert. Adrame lief jeden Nachmittag zum Strand und suchte den Schlepper. »Heute nicht! Morgen vielleicht«, hieß es dann. Schon zweimal haben sie sich abends am Strand versammelt. Aber der Schlepper sagte, das Wetter sei zu schlecht. Wenn sich die Wellen höher als zwei Meter auftürmten, habe man in einem offenen Boot keine Chance.

Doch heute ist es wirklich so weit. Der Schlepper sammelt das Geld ein. Und alle Ausweise und Dokumente, um sie zu verbrennen. »Sind das auch alle Papiere? Wenn nur einer noch ein Dokument dabeihat, sind wir alle geliefert. Wenn sie euch in den internationalen Gewässern erwischen, dürft ihr keine Papiere dabeihaben. Sagt euren Namen, aber nicht, wo ihr herkommt. Dann können sie euch nicht in den Senegal zurückschicken. Das ist verboten. Was auch passiert in den nächsten Stunden, haltet den Mund. Ihr müsst die internationalen Gewässer erreichen!«

Sein Freund hat ihm geraten, sich das Boot vorher genau anzusehen. Hat es kein Leck? Hat es einen guten Motor und genug Benzin? Hat es ein Navigationssystem an Bord, mit dem sie ihr Ziel finden können? Doch wie soll Adrame das herausfinden?

Es ist dunkel und sie werden erst im letzten Moment zum Boot geführt. Der Schlepper sieht sehr brutal aus und hat ein großes Messer in seinem Hosenbund stecken. Außerdem hat Adrame einen günstigen Preis für die Fahrt bekommen. Wenn er jetzt Fragen stellt, schicken sie ihn sicher weg und behalten sein Geld. Also schaut er gar nicht näher hin, sondern klettert ins Boot und klemmt sich zwischen die anderen 62 Flüchtlinge.

Adrame sitzt weit vorn im Boot. Kein guter Platz – aber für den Preis kann er wohl nicht mehr verlangen. Als sich das Boot durch die Brandung kämpft, werden besonders die Leute vorn nass. Doch Adrame trägt die rote Weste. Auch später hält ihn seine »Zauberweste« trocken gegen die Gischt, die immer wieder über das Boot schwappt.

Kaum haben sie die Stranddünung hinter sich, gibt der Bootsführer weitere Anweisungen: »Wer anderen das Trinkwasser oder Geld klaut, wird über Bord geschmissen. Trinkt nur einen Becher Wasser morgens und einen abends. Sonst wird euer Vorrat nicht reichen und ihr müsst zu oft pinkeln. Pinkeln und andere Geschäfte müsst ihr über der Bordwand erledigen. Lasst euch von euren Nachbarn festhalten, damit ihr nicht rausfallt. Und nicht gegen den Wind pinkeln. Im Augenblick also immer nach hinten. Und wenn Allah will, werden wir es schaffen.«

15. Dezember 2007. Bei Sonnenaufgang stellt Adrame fest, dass die Küste nicht mehr zu sehen ist. Rundherum nur Wasser. Das ist schon ein merkwürdiges Gefühl. Adrame schaut sich um: viele junge Männer, einige junge Frauen.

Nur neben ihm sitzt ein alter Mann. Alt nicht nach europäischem Maßstab, sondern nach afrikanischem: Er ist 53 Jahre alt und in seinem Gesicht haben die vielen Anstrengungen und Enttäuschungen des Lebens tiefe Furchen hinterlassen. Warum macht ein alter Mensch solch eine anstrengende Reise? »Warum bist du hier?«, fragt Adrame.

»Ach weißt du, alle denken, ich sei zu alt. Ich würde das nicht durchstehen. Aber ich habe mehr durchgestanden als ihr alle zusammen. Ich habe vierzig Jahre gearbeitet und einige Hungersnöte überlebt. Alle meine Kinder wohnen jetzt im gelobten Land, in Frankreich. Meine Frau ist letztes Jahr an Gelbfieber gestorben. Kein Arzt wollte zu uns kommen. In Frankreich wäre das nicht passiert.

Jeder Morgen, an dem ich allein aufwache, ist wie eine schwere Krankheit. Jeder Abend, an dem ich allein ins Bett gehe, ist wie ein kleiner Tod. Deshalb musste ich aufbrechen. Und wenn ich auf dem Weg zu meinen Kindern sterbe, ist es mir recht. Ich habe ja mein Leben schon hinter mir.

Aber ihr alle hier, ihr habt es noch vor euch. Und deshalb muss Allah ein Einsehen haben und die Hand unseres Bootsführers lenken …«

16. Dezember 2007, draußen auf dem Atlantik.

»Da!« Adrame fährt hoch.

»Da ist was!«, sagt er zu seinem Nachbarn.

»Nein, da ist nichts. Nein, nein«, kommt die ruhige Antwort.

Alle haben ihn davor gewarnt: Du siehst ständig das Land oder hohe Berge. Aber es sind dann doch nur ein paar tiefe Wolken oder hohe Wellenberge. Das sind Trugbilder. Je erschöpfter du wirst, desto öfter siehst du die tollsten Sachen.

Stundenlang singen sie. Immer wieder den gleichen einlullenden Singsang. »Houh-hohoho-houh – bald werden wir ankommen. Houh-hohoho-houh – in dem schönen Europa …«

Und irgendjemand aus ihrem Kreis lässt sich eine neue Strophe einfallen: »Houh-hohoho-houh – aufgepasst, weiße Männer, houh-hohoho-houh – bald werden wir von euren Tellern essen!« Da gibt es befreiendes Gelächter.

Doch mancher singt etwas Rührendes: »Houh-hohoho-houh. Werden wir unsere Dörfer wiedersehen? Was wird aus meinen Eltern, wer kümmert sich um meine Geschwister? Houh-hohoho-houh. Allah – was hast du nur vor mit uns?!«

Dann fangen die Frauen an zu weinen und die Männer blicken starr auf das Meer hinaus.

Gut schützt die Weste Adrame gegen die Gischt und nächtliche Kälte. Aber dass er in ihr tagsüber nicht schwitzen müsste, stimmt leider nicht. Es wird ihm verdammt heiß. Und sein Gesicht fängt an zu brennen.

17. Dezember 2007, in den frühen Morgenstunden, draußen vor der Küste Mauretaniens, wo das Meer als besonders fischreich gilt.

Die ganze Nacht fahren Fischtrawler hin und her. Einer von ihnen ist die *Alhambra* aus Spanien. Deren Steuermann Miguel verfolgt auf dem Radar die dicken Fischschwärme, für kleine Boote dagegen hat er keinen Blick. Diese verfluchten Fische, denkt er, mal sind sie hier, mal dort, tauchen wieder ab oder nähern sich der flachen Küste.

Aber dann hat Miguel einen Riesenschwarm im Visier, der friedlich eine Richtung einhält. Das könnten Sardinen sein! Er steuert ihn an, und ohne es zu wollen, hält der Trawler genau Kurs auf das Flüchtlingsschiff von Adrame.

Dort dämmern die Menschen vor sich hin. Miguel sieht genau in dem Moment hoch, als die ersten Sonnenstrahlen über die Meeresoberfläche gleiten. Dabei blinkt in der Ferne etwas Rotes auf wie eine Leuchtboje. Achtung! Miguel reißt das Ruder herum. Die leichte Kurskorrektur sorgt dafür, dass der Trawler wenige Meter an dem Flüchtlingsboot vorbeirauscht.

Miguel erkennt in der Dämmerung den Bootskörper – ein Schiff ohne jedes Positionslicht.

»Diese verfluchten Afrikaner!«, schreit Miguel im ersten Augenblick. Doch dann sieht er die vielen Köpfe an Bord. Oje, wieder ein Seelenverkäufer! Miguel bekreuzigt sich und bereut es, so geflucht zu haben. Er dankt der heiligen Maria dafür, ein Spanier zu sein.

Auch hinten am Netz des Trawlers vergessen die Crew-Mitglieder für einen Moment ihre Arbeit. Hier draußen an Deck arbeiten nur Schwarze, Senegalesen und Mauretanier. Für einen Moment wird alles still und Afrikaner schauen in afrikanische Gesichter.

Keiner grüßt den anderen, niemand sagt ein Wort. Warum auch? Es gibt nichts zu sagen – selten im Leben ist alles so eindeutig und klar. Die Männer auf dem Fischtrawler haben die gefährlichste Reise ihres Lebens schon hinter sich, und sie wissen: Viele werden mit ihrem Leben bezahlen. Und trotzdem könnten sie keinen der Flüchtlinge dazu überreden, sein Vorhaben aufzugeben.

Die Flüchtlinge wiederum sehen Landsleute, die wie Sklaven leben und arbeiten. Sie denken: Wenn ich diese verfluchte Fahrt überstehe, betrete ich nie wieder ein Boot. Und schon gar keinen Trawler, auf dem ich bei jedem Wetter schuften muss. Die Männer an Bord des Trawlers wissen, dass die Flüchtlinge so denken. Doch sie wissen es besser: Wenn du in Europa bist, wirst du dich über das Schlaraffenland wundern. Das ist ganz anders, als uns zu Hause erzählt wurde. Ohne Papiere, ohne Job, vielleicht gerade mal als Erntehelfer … Auf einem Trawler hast du wenigstens eine eigene Koje und einen festen Job, den dir keiner streitig macht.

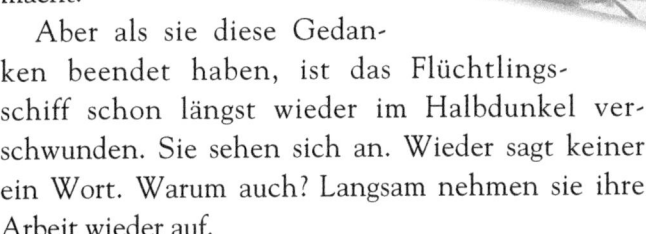

Aber als sie diese Gedanken beendet haben, ist das Flüchtlingsschiff schon längst wieder im Halbdunkel verschwunden. Sie sehen sich an. Wieder sagt keiner ein Wort. Warum auch? Langsam nehmen sie ihre Arbeit wieder auf.

18. Dezember 2007, irgendwo auf dem Atlantik. Sie haben seit vier Tagen so gut wie nichts zu essen bekommen und auch die dürftigen Wasservorräte sind seit 48 Stunden verbraucht. Adrame ist so entkräftet, dass ihm immer wieder schwarz vor den Augen wird. Allen tun die Knochen weh vom ewigen Sitzen auf einer Stelle.

Nur der alte Mann neben Adrame beklagt sich nicht. »Ich habe vierzig Jahre geschuftet. Ich habe alles gemacht. Es gibt wohl keinen schmutzigen Job auf unserem Kontinent, den ich nicht gemacht habe. Außer Henker oder Staatspräsident. Jetzt sehe ich die Welt – im Sitzen. Wunderbar.«

Adrame hat das Gefühl, der Bootsführer hat die Orientierung verloren. Er lässt den Motor nur noch stundenweise laufen und versucht immer wieder, anhand der Strömung die Richtung zu bestimmen.

Doch einige Zeit später wird auch der alte Mann nachdenklich: »Adrame, du musst mir zwei Dinge versprechen, falls ich meine Reise früher beende als ihr … Ich gebe dir jetzt meinen Glücksbringer, dieses Amulett hier, das ich immer um den Hals trage. Vielleicht findest du ja meine Kinder, dann gibst du ihn an sie weiter. Oder du gibst ihn deinen Kindern. Und hier in meinem Beutel ist mein Festgewand. Das will ich tragen, wenn ihr mich ins Meer gleiten lasst und ich zwischen herrlichen Delfinen und Walen dahintreibe … Versprichst du mir das?«

»Jaaah«, flüstert Adrame. Mehr kann er nicht sagen.

Dezember 2007, genaues Datum unbekannt, irgendwo auf dem Atlantik.

Sind sie jetzt schon vier oder sechs Tage unterwegs? Adrame kann das nicht mehr mit Sicherheit sagen. Es ist ihm auch egal. Sein Hintern tut entsetzlich weh. Er hat die ganze Zeit so eingeklemmt gesessen, dass er nicht einmal sein Gewicht von der einen auf die andere Seite verlagern konnte.

Hunger hat er komischerweise keinen. Aber dafür brennt seine Kehle vor Trockenheit. Es gibt schon lange kein Trinkwasser mehr. Um sie herum schwappen Millionen Liter Wasser hin und her – Salzwasser. Und ihm ist der Mund so ausgetrocknet, dass er nicht einmal seine Zunge mehr spürt. Beinahe hätte er sie sich abgebissen …

Sie sollten schon lange da sein. Vier Tage sollte die Fahrt dauern. Doch seit der letzten Nacht hat der Bootsführer den Motor nicht mehr angelassen. Vermutlich ist kein Benzin mehr da. Aber niemand traut sich zu fragen. Hin und wieder fängt jemand an zu stöhnen oder zu jammern.

21. Dezember 2007, Teneriffa, Playa de las Américas. Endlich Urlaub! Der Engländer Steve Miller lehnt sich in seinem Liegestuhl zurück. Als Automechaniker kann er sich nicht oft Urlaub leisten. Doch einmal im Jahr gönnt er sich mit seiner Frau ein paar Tage Sonne und Hotelbar-Feeling. Kurz vor Weihnachten gibt es nur eine Region, in der es warm genug ist: die Kanarischen Inseln.

Der gestrige Abend in der Hotelbar ist ziemlich lang geworden. Irgendwann und irgendwie schaffte er es dann doch in das Hotelzimmer. Doch seine Frau hatte am Morgen kein Mitleid mit ihm und weckte ihn um kurz nach neun. »Los, sonst kriegen wir kein Frühstück mehr! Du kannst ja den ganzen Tag am Strand weiterschlafen.«

»Heute Abend gehe ich früher ins Bett!«, stöhnte er. Doch weder seine Frau noch sich selbst konnte er damit überzeugen. Am Strand schläft er erst einmal drei Stunden im Liegestuhl.

Zur gleichen Zeit gut 60 Kilometer weiter südwestlich. Alle Flüchtlinge sitzen nur noch teilnahmslos herum. Ihre Gesichter sind verbrannt. Irgendwann hört Adrame nur noch Wimmern. Zum Stöhnen oder Klagen sind sie zu schwach …

Seit einigen Stunden fragt Adrame sich, ob der alte Mann neben ihm eigentlich noch lebt. Er hat sich schon lange nicht mehr bewegt, nicht einmal geseufzt. Bewegen sich alte erschöpfte Menschen im Schlaf? Er will ihn nicht berühren. Wenn er tatsächlich schläft, will er ihn nicht aufwecken. Und wenn er tot ist, würde er ihm nicht mehr helfen können …

Und dann sieht er etwas am Horizont.

Aber beim Bart des Propheten, er weiß ja, das sind nur verfluchte Wellen und verfluchte Wolken und verfluchte Geister, die sie in die Irre führen.

22. Dezember 2007, Playa de las Américas. Steve lässt sich in den Liegestuhl zurückfallen und atmet laut aus:

Pfhhh! Heute geht es ihm wieder besser.

Mehrmals hintereinander schließt und öffnet er die Augen. Tatsächlich liegt immer noch das Meer vor ihm und seine Frau, sein Krimi und seine Sonnencreme neben ihm. Er taucht kurz in die Wellen und legt sich wieder auf den Liegestuhl. Nur mit seinem Krimi kommt er nicht weit. Nach einer Seite schläft er wieder ein.

Später legt er das Buch neben sich und sein Blick gleitet über den Horizont. Dunkelblaues Wasser ist zu sehen, nur das Meer: endlose Wassermengen, die hin und wieder von weißen Schaumkronen gekräuselt werden. Und so geht es weiter: etwas Schwimmen, eine Seite Krimi, etwas Schlafen und ein bisschen Herumgucken. Irgendwann am Nachmittag bemerkt er einen kleinen Punkt am Horizont. Das wird ein Boot sein.

Abermals nickt er kurz ein, schreckt hoch und sucht wieder den Horizont ab. Das Boot ist immer noch da – es nähert sich sehr langsam, es scheint zu treiben. Er kann nun erkennen, dass es ein kleines offenes Boot ist. Vielleicht einheimische Fischer, die ihr Netz ausgeworfen haben. Doch eine Viertelstunde später sieht er deutlich ganz viele kleine Punkte oberhalb des Bootsrandes.

»Du, sag mal, das Boot da draußen«, reißt ihn seine Frau aus seiner Beobachtung, »ist das vielleicht …«

»… ein Flüchtlingsboot!«, beendet er den beunruhigenden Satz.

Je näher das Boot kommt, desto mehr wird es zur Gewissheit: Vierzig, fünfzig, vielleicht sogar sechzig

Menschen hocken dort in diesem afrikanischen Holzboot. Mit dieser Nussschale sind sie von Afrika über den Atlantik gefahren …

Anscheinend ist ihnen der Sprit für den Motor ausgegangen. Wer noch bei Kräften ist, rudert das Boot mit Holzplanken das letzte Stück in Richtung Küste.

Auch die anderen Badegäste haben das Boot inzwischen entdeckt. Keiner liest noch oder spielt Ball – alle beobachten gespannt und besorgt, was passieren wird.

Rund 50 Meter vor dem Strand beginnt die Brandung, das Boot schaukelt hilflos in den Wellen. Einige Flüchtlinge springen ins Wasser und beginnen panisch mit den Armen zu rudern. Wahrscheinlich können sie nicht schwimmen!

Die ersten Badegäste springen nun ihrerseits ins Wasser, um die hilflosen Flüchtlinge zu retten. Steve ist noch zu steif vom Liegen, um sich in die Fluten zu stürzen und einen Farbigen an Land zu ziehen. Aber er hat seinen Camcorder dabei, und ohne weiter nachzudenken, reißt er ihn aus der Strandtasche und hält drauf. Eigentlich wollte er ja für einen kleinen Filmabend zu Hause Sonnenuntergänge, seine Frau und Surfer aufnehmen …

Doch nun filmt er etwas, das ihm durch Mark und Bein geht.

Einige Badegäste sind geübte Schwimmer, sie erreichen die Flüchtlinge, die panisch im Wasser treiben, greifen ihnen unter die Arme und ziehen sie ans Ufer.

Andere Flüchtlinge haben es noch aus eigener Kraft bis hinter die Brandung geschafft, dort werden sie gestützt und man hilft ihnen aus dem Wasser. Am Strand sind die ersten Flüchtlinge in sich zusammengesunken. Sie haben nicht einmal mehr die Kraft, sich zu freuen. Ihre Gesichter sind ganz leer, doch in ihren Augen sieht man die nackte Angst: Sie können noch gar nicht glauben, dass sie dem Tod haarscharf entkommen sind. Die meisten von ihnen zittern am ganzen Körper.

Inzwischen sind fast alle Badegäste mit ihren Handtüchern und Wasserflaschen hier. Die Touristen geben ihnen zu trinken und reichen ihnen die Handtücher, damit sie ihre Köpfe darauf betten können.

Und dann erfasst der Camcorder einen ganz jungen Flüchtling, der eine rote Weste trägt. Auch er zittert am ganzen Körper. Trotzdem kniet er und versucht zu beten. Er hat die Arme halb von sich gestreckt, wie es Mohammedaner tun, und sicherlich schickt er Allah seinen Dank, dass sie überlebt haben.

Nach und nach treffen Krankenwagen und die Küstenwache ein und die Urlauber gehen nachdenklich zu ihrem Hotel zurück. Nach Sonnen und Baden ist ihnen nicht mehr zumute.

Abends kommt ein Mann in die Hotelbar und spricht Steve an. »Ich bin vom englischen Fernsehen, von der

BBC. Haben Sie heute Morgen die Flüchtlinge gefilmt? Was wollen Sie für die Aufnahmen haben?«

»Was ich dafür haben will?«

»Ja, ich kann Ihnen 500 Pfund dafür anbieten, dass Sie uns das Band und sämtliche Rechte daran abtreten.«

Steve überlegt einen Moment, was man mit 500 Pfund alles anstellen könnte, und antwortet dann: »Ich will keine 500 Pfund. Wie wäre es mit einem Bier?«

»Eines? Von mir aus den ganzen Abend!«

Doch selbst das Bier will heute nicht so richtig schmecken. Steve wollte die Welt hinter sich lassen, um zu entspannen. Aber das geht heutzutage nicht mehr so einfach. Selbst an einem so abgeschiedenen Ort wie den Kanarischen Inseln erreichen uns die Probleme dieser Welt.

KAPITEL 10

Ausblick: Wie wir zusammen das Ende dieser Geschichte ändern können

15. März 2008. Heute Abend muss ich den Rest der Geschichte an den Verlag schicken. Es bleibt danach gerade noch einmal Zeit, um den Text Korrektur lesen zu lassen, mit Bildern zu versehen und das Layout (die Anordnung von Bild und Text) zu machen – und dann ab damit in die Druckerei. Die liegt bei den meisten Verlagen nicht mehr in der gleichen Stadt oder noch nicht einmal in Deutschland, sondern in Italien, Slowenien oder gleich in Indien oder China. Dieses Buch allerdings wird in Deutschland gedruckt.

Und was ist mit Adrame und der Weste weiter passiert? Bevor wir zu dieser Frage kommen, sollte eines noch gesagt werden – obwohl es sich die meisten Leser dieses Buches sicher auch schon gedacht haben. Dies ist eine Geschichte und keine Reportage. Aber meine rote Weste hat es wirklich gegeben. Auch die Regionen, die in der Geschichte vorkommen, habe ich alle auf meinen zahlreichen Journalistenreisen kennengelernt. Und ich habe alle Schritte dieser Geschichte vom Erdöl über die Herstellung in Bangladesch bis zur Flüchtlingsroute auf den Kanarischen Inseln genau überprüft: Wie tief ist die Hafeneinfahrt in Dubai? Wie heißt die Straße vor dem Bahnhof in Chittagong? Wie viele Pausen bekommen die Arbeiterinnen der Textilfabriken in Dhaka? Wie ergattere ich einen Platz auf einem Menschenschmuggler-Boot? Und so weiter.

Ich denke, die Geschichte hätte in Wirklichkeit so passieren können. Weil ich aber nicht die Zeit und das Reisegeld hatte, um zweieinhalb Jahre lang den weiten Weg meiner Weste zu verfolgen, musste die Fantasie ein wenig nachhelfen. Zum anderen wollte ich eine Geschichte schreiben, die immer fragt: Wie würde es jetzt höchstwahrscheinlich weitergehen?

Und damit kommen wir zu Adrame. Was könnte er nach der Landung auf Teneriffa erlebt haben? Über das Schicksal einzelner Flüchtlinge geben die spanischen Behörden keine Auskunft. Überhaupt wissen wir wenig von den Flüchtlingen, die es bis nach Europa geschafft haben. In den Zeitungen und auch in den Fernsehnachrichten wird nur sehr selten von ihnen berichtet. Immerhin waren es im Jahr 2006 nicht weniger als 30 000 Afrikaner, die mit kleinen Fischerbooten das Eintrittstor zu ihrem Paradies erreichten. Zwar haben die starken Patrouillen dazu geführt, dass sich im Laufe des Jahres 2007 die Anzahl der Bootsflüchtlinge halbiert hat. Obwohl viele Flüchtlinge inzwischen wieder versuchen, über das Mittelmeer Europa zu erreichen, landen etliche nach wie vor auf den Inseln. Was passiert mit ihnen?

Aus Mitteilungen der spanischen Regionalregierung und den spanischen Medien ist zumindest so viel zu erfahren: Die Flüchtlinge werden zunächst in Internierungslager ins Landesinnere der Inseln oder gleich aufs spanische Festland gebracht. Auf Anordnung der spanischen Zentralregierung werden sie nach genau vierzig Tagen aus den Lagern entlassen: Sie gehen als freie Menschen in die freie Welt hinaus.

Um gültige Papiere zu erhalten, müssen sie dann allerdings einen Asylantrag stellen. Dabei müssen sie nachweisen können, dass sie in ihrer Heimat verfolgt werden, sonst erhalten sie kein Asyl. Die meisten von ihnen werden aber allein von der Armut verfolgt, das ist kein Asylgrund.

Und deshalb tauchen viele von ihnen gleich in die Illegalität ab. Sie wohnen in heruntergekommenen Häusern oder in selbst gezimmerten Baracken auf dem Land, arbeiten schwarz, also ohne Steuern und Sozialabgaben zu zahlen, verdingen sich als Bauarbeiter, Küchenhelfer oder als Erntehelfer auf dem Land. Sie können froh sein, wenn die Arbeitgeber ihren niedrigen Lohn überhaupt auszahlen. Denn sie sind ja

Gesetzlose – Menschen, die durch kein Papier beweisen können, wer sie sind.

Und was ist aus dem Hauptdarsteller dieses Buches, der roten Fleeceweste, geworden? Sie hat nach dieser Tortur mit Sicherheit ausgedient. Sie könnte in einem Recyclingcontainer gelandet sein und als Rohstoff noch einmal eine kleine Weltreise unternehmen. Aber auf den Kanarischen Inseln werden noch nicht viele Wertstoffe recycelt. Es gibt zwar auch dort mittlerweile viele bunte Sammelcontainer, doch die Leute weigern sich mitzumachen. Wahrscheinlicher ist: Die Weste vergammelt auf einer Deponie oder sie ist bereits verbrannt worden. Da sie aus viel Kohlenstoff bestand, wurde beim Verbrennen eine Menge des klimaschädlichen Kohlendioxids in die Atmosphäre freigesetzt.

NACHWORT

... die Weltreise der Fleeceweste geht weiter!

Als »Die Weltreise einer Fleeceweste« vor fünf Jahren als Buch erscheinen sollte, hatten zwar alle, die daran beteiligt waren, gleich das Gefühl: Das wird ein ganz besonderer Band. Doch der tatsächliche Erfolg dieser kleinen Geschichte über die große Globalisierung hat dann doch alle überrascht.

Nicht nur, weil sie in vielen Auflagen als Hardcover- und als Taschenbuchausgabe erschien, sondern auch, weil die Geschichten rund um die Fleeceweste so viele Schulklassen und andere Gruppen zu Projektarbeiten zum Thema Globalisierung inspirierten. Und mancher, der sonst kein Buch anrührte, wurde zur Lektüre verführt.

Den Autor wiederum führten Lesereisen mit dem Buch etliche Male durch Deutschland, nach Österreich und in die Schweiz, ja sogar bis nach Mexiko. Denn auch auf Spanisch ist das Buch ein Erfolg – insgesamt wurde es bisher in neun Sprachen übersetzt.

Immer wieder werde ich am Ende der Lesungen gefragt: Ist das alles wirklich passiert? Die Antwort lautet: Jein – in der Literatur nennt man das »halbfiktional«. Ganz viele Elemente der Geschichte haben sich tatsächlich so zugetragen: mein Kauf der roten Fleeceweste, ihre Entsorgung in einen Altkleider-Container bis hin zum Video, das Flüchtlinge zeigt, die an einem Badestrand der Kanarischen Inseln erschöpft zusammenbrechen. Manches, wie die Welten von Mohammed, Taslima und Adrame, habe ich nach lebenden Vorbildern entworfen. Daraus habe ich dann eine Geschichte entwickelt, deren Dramatik zwar aufrütteln soll, in der jedoch alle, die mit der Weste in Berührung kommen, Glück im Unglück haben.

In der Realität dagegen geschehen Dinge, die ich als Autor nie in einem Jugendsachbuch schildern würde. So kam es im Frühjahr 2013 in Bangladesch zum Einsturz eines ganzen Häuserblocks, in dem sich mehrere Textilfabriken befanden. Über 3500 Menschen wurden dabei verschüttet, 1129 konnten nicht mehr lebend aus den Trümmern geborgen werden.

Ähnliche Unglücke hat es in den vergangenen Jahrzehnten schon häufiger gegeben, aber etwas war dieses Mal anders. Nun berichteten alle großen Zeitungen, Zeitschriften und TV-Sender über die Katastrophe – ausführlich, nicht nur in knappen Berichten. Seit Kurzem bekommen wir in Europa genau vorgeführt, wie die Menschen, die unsere Billig-Textilien herstellen, leben – und wie sie leiden.

Diese Berichterstattung und viele lokale wie auch internationale Proteste haben immerhin zu kleinen Verbesserungen geführt: Textilindustrie, Regierung und eine technische Universität haben die Sicherheit der rund 6000 Textilfabriken geprüft, 20 Fabriken wurden geschlossen, 200 bis 300 müssten noch folgen. Seit Juli 2013 ist nun endlich für die Lieferanten von über 70 Textilkonzernen ein Gebäude- und Gesundheitsschutzabkommen in Kraft.

Aber reicht das schon?

Für meine Lesungen habe ich stets ein Demonstrationsobjekt dabei: eine neue Fleeceweste aus Bangladesch, dieses Mal in zwei Farben, mit zwei aufgenähten Stickern. Am Ende der Lesungen halte ich die Weste hoch und frage: War diese Weste wohl teurer oder billiger als die erste, die knallrote Weste?

Die Schätzungen meiner jungen Zuhörer fallen fifty-fifty aus. Tatsächlich jedoch war diese Weste noch einen Euro billiger als meine erste Weste.

Wie kann das sein? Wie können Textilketten Filialen in bester Lage betreiben, in denen ständig laute Musik läuft, zu deren Eröffnung Popstars eingeflogen werden – und bei denen die T-Shirts dann nur drei, vier Euro kosten?

Wenn ich diese Frage meinem jungen Publikum stelle, dann kommen wir recht schnell auf die Antwort: Es liegt an den niedrigen Löhnen in Bangladesch! Es gibt zwar einen staatlichen Mindestlohn für Textilarbeiterinnen, der jedoch ist mit 30 Euro Monatslohn noch immer viel zu niedrig. Zum Vergleich: In China beträgt der Mindestlohn in der Textilindustrie inzwischen rund 200 Euro.

Warum ist Bangladesch so billig?

Ein Blick auf die Weltkarte liefert bereits die Antwort: Bangladesch ist sehr klein und wird von riesigen Strömen durchzogen. Die Bevölkerung wächst rasant, Fläche für den Reis-Anbau ist knapp und in der Monsunzeit werden auch noch große Teile des Landes überschwemmt. Der einzige Rohstoff, den das Land hat: billige Arbeitskräfte. Deshalb stehen rund um die Hauptstadt Dhaka mittlerweile 6000 Textilfabriken, die konkurrenzlos billig die Sonderangebote unserer Textil- und Discountketten produzieren.

Das alles wissen wir alle inzwischen. Warum kaufen wir diese Waren trotzdem?

Weil unser Verstand beim Einkauf ausgeschaltet ist – wir verwandeln uns in Schnäppchenjäger mit Steinzeitgehirn. Wenn wir Geld sparen, überschüttet uns unser Hirn mit Glückshormonen. Deshalb müssen wir ganz bewusst, mit ganzem Willen dagegen angehen!

Und ich selbst? Immer wieder werde ich gefragt: Hast du deinen Schwur eingelöst und kaufst nur noch faire Textilien?

Jein! Ich mache tatsächlich seit dem Erscheinen des Buches einen Bogen um Billig-Kaufhäuser und trage hauptsächlich wertvollere Textilien – die nun aber auch länger halten, als es die Mode erlaubt. Doch die wirklich einwandfrei ökologisch und sozial korrekten

Kleidungsstücke sind manchmal zu teuer für einen kleinen Autor. Und so wie mir geht es vielen Menschen in unserem Land: Sie können sich diese korrekte Kleidung nicht leisten. (Viele Reiche wiederum könnten sie sich leisten, gerade sie sind jedoch beim Einkauf die Geizigsten.)

Heute können wir nur eine Weste aus Bangladesch für 8 Euro oder eine korrekte Weste von einem kleinen Spezialversand für 80 Euro kaufen. Was wir brauchen, ist ein Mittelweg: Westen für 30 bis 40 Euro, die soziale und ökologische Standards erfüllen. Und das gilt nicht nur für unsere Kleidung, sondern auch für unsere Elektrogeräte, für unsere Spielwaren ... und für unsere Lebensmittel!

Aber nun noch einmal zurück zum Buchtext: Sollte er nach fünf Jahren vollständig aktualisiert oder nur sanft korrigiert werden?

Das Geschehen ins Jahr 2013 zu legen, hätte den ganzen Charakter des Buches geändert. So ist Dubai durch die Finanzkrise nicht mehr das Schlaraffenland in der Wüste, die Routen der afrikanischen Flüchtlinge passen sich jeweils den politischen Verhältnissen an (während der sogenannten Arabellion war der Weg über Tunesien nach Süditalien wieder frei) ...

Stattdessen habe ich nur einige wenige Fehler korrigiert, denn bei allen Veränderungen haben sich die Hauptprobleme der Globalisierung nicht verändert. Außerdem vertraue ich weiter darauf, dass die Leser dieses Buch als Einstieg für ihre eigene Auseinander-setzung mit unserer globalen Welt nehmen.

Als kleine Hilfe führe ich noch drei Internet-Tipps an, die eigentlich schon in die erste Ausgabe des Buches sollten, dann aber herausgekürzt wurden:

Die Hilfsorganisation, die sich ausschließlich in Bangladesch engagiert und der ich viele Informationen verdanke, ist »Netz e. V.«: *www.bangladesch.org/*

Sehr engagiert ist auch die »*Kampagne für Saubere Kleidung*«: *www.saubere-kleidung.de/*

Und eine Bewertung der Textil-Label gibt es bei Greenpeace: *www.greenpeace.de/fileadmin/…/2011 0825_FS_Textillabel_FINAL.pdf*

Wolfgang Korn, im Herbst 2013